# Baden in und um Berlin

## Die schönsten Badestellen

Kristine Jaath

Trescher Verlag

1. Auflage 2009

Trescher Verlag
Reinhardtstr. 9
10117 Berlin
www.trescher-verlag.de

ISBN 978-3-89794-149-6

Herausgegeben von Bernd Schwenkros und
Detlev von Oppeln

Reihenentwurf und
Gesamtgestaltung/Satz: Bernd Chill
Lektorat: Hinnerk Dreppenstedt
Karten: Johann Maria Just, Martin Kapp,
Bernd Schwenkros


Alle Angaben in diesem Buch wurden sorgfältig recherchiert und überprüft, trotzdem kann für die Richtigkeit keine Gewähr übernommen werden. Hinweise und Informationen unserer Leserinnen und Leser nimmt der Verlag gerne entgegen. Bitte schreiben oder mailen Sie unter obiger Adresse.

Gedruckt auf chlorfrei gebleichtem Papier

Printed in Germany

Tipps rund ums Baden

Badeseen in Berlin

Badeseen um Berlin herum

Anhang

Vorwort 9
Hinweise zur Benutzung 10
Zeichenlegende 11

## Tipps rund ums Baden 12

Badestellen wie Sand am Meer 14
Badesaison 15
Strände und Anfahrtsmöglichkeiten 15
Wasserqualität 17

## Badeseen in Berlin 20

Berliner Norden – Oberhavel und Innenstadtseen 22
Badestrand Bürgerablage 23
Seebad Heiligensee 24
Strandbad Lübars 25
Strandbad Tegel 27
Badestellen nahe Strandbad Tegel 27
Badestelle gegenüber der Insel Reiswerder 28
Badestrand im Saatwinkel 29
Badestrand Flughafensee 30
Strandbad Jungfernheide 32
Strandbad Plötzensee 33
Strandbad Weißensee 35
Strandbad Orankesee 37
Biesdorfer Baggersee 38

Berliner Südwesten – Unterhavel und Grunewaldseen 39
Kleine Badewiese in Gatow 41
Große Badewiese in Gatow 41
Badestelle Schildhorn 42
Badestelle Kuhhorn 43
Badestrand am Grunewaldturm 45
Badestrand an der Lieper Bucht 47
Badestrand an der Wasserskistrecke 48
Badestrand Großes Fenster/Große Steinlanke 49
Strandbad Wannsee 50

Badestellen gegenüber der Pfaueninsel 53
Badewiese am Teufelssee 54
Badestellen an der Krummen Lanke 56
Badestellen am Schlachtensee 57

**Berliner Südosten – rund um Dahme und Müggelspree 58**
Flussbadestelle Teppich 60
Seebad Friedrichshagen 61
Strandbad Müggelsee 64
Badestrand Kleiner Müggelsee 65
Flussbad Gartenstraße 67
Seebad Wendenschloss 68
Badewiese unterhalb vom Müggelturm 70
Strandbad Grünau 73
Badestellen an der Bammelecke 75
Badestrand Schmöckwitz 76
Badewiese ›Am Gräbchen‹ am Krossinsee 77

## Badeseen um Berlin herum 78

**Nördlich von Berlin – das Wandlitzer Seengebiet 80**
Bernsteinsee bei Velten 81
Badestrand am Gorinsee 82
Strandbad am Rahmer See 84
Badestelle am Rahmer See 85
Strandbad Stolzenhagener See 86
Badewiese und Restaurant Fischerstube 88
Strandbad Wandlitzsee 89
Waldbad Liepnitzsee 91
Badestellen am Liepnitzsee-Nordufer 94
Strandbadestelle am Liepnitzsee-Südwestufer 95
Badestrand am Obersee 97
Strandbad Wukensee 99
Badestrände an den Ruhlsdorfer Kiesseen 101

**Östlich von Berlin – vom Gamensee zum Grünheider Seengebiet** 104
Badestrand und Waldbadestellen am Gamensee 105
Badeanstalt am Straussee 106
Strandbad Bötzsee 108
Waldbadestellen am Bötzsee 109
Waldbadestelle am Fängersee 110
Strandbad Stienitzsee 112
Strandbad Erkner am Dämeritzsee 113
Badewiese ›Am Film‹ am Kalksee 115
Schwarzer Stubben/Weißer Strand 117
Badestrand am Werlsee-Nordufer 119
Badestrand am Werlsee-Südufer 120
Badestrand am Reiherhorst, Peetzsee-Südufer 121

**Südlich von Berlin – das Dahme-Seengebiet** 123
Strandbad Neue Mühle am Krimnicksee 124
Campingplatz-Badestrand am Lankensee 126
Großer und Kleiner Tonsee 127
Badestrand am Todnitzsee 128
Badewiese ›Strand 14‹ am Pätzer Vordersee 129
Badestellen am Pätzer Tonsee 131
Badestrände an den Kiesseen in Bestensee 132
Seebad Motzen am Motzener See 133
Strandbad Kallinchen am Motzener See 135
Badewiese am Ziestsee 137
Strandbad Wolzig am Wolziger See 138
Badewiese am Wolziger See 139

**Südwestlich von Berlin – die Havellandseen** **140**
Badewiese am Nordostufer des Groß-Glienicker Sees 142

Badewiese am Südostufer des Groß-Glienicker Sees 142
Badewiese am Westufer des Groß-Glienicker Sees 144
Badestrand am Nordufer des Sacrower Sees 145
Strandbad Babelsberg am Tiefen See 146
Waldbad Templin am Templiner See 148
Strandbad Caputh am Schwielowsee 150
Strandbad Ferch am Schwielowsee 154
Badestelle im Petzower Schlosspark am Schwielowsee 156
Strandbad Werder am Großen Plessower See 158

Internethinweise 161
Öffentlicher Nahverkehr 161
Die Autorin 161
Ortsegister 162
Personen- und Sachregister 165
Bildnachweis 165
Kartenregister 168

## Essays

Waldbrandgefahr in trockenen Sommern 16
Schilfrohr – natürliche Filteranlagen am Ufersaum 18
Warum die Müggelspree manchmal rückwärts fließt 63
Ein Schloss im Teufelssee 72
Schöner Wohnen am Liepnitzsee – die Waldsiedlung Wandlitz 93
Krokodile in Woltersdorf 116
Park und Schloss Babelsberg 147

# Vorwort

Sommerzeit ist Badezeit! Wenn die Sonne vom Himmel strahlt, das Thermometer steigt und der Asphalt unter den Füßen brennt, heißt es nüscht wie raus an'n Badesee. Es lockt die schöne Natur, die gute Luft, der erfrischende Sprung ins kühle Nass, und das alles direkt vor der Haustür! Warum also in die Ferne schweifen? Keine andere Millionenmetropole verfügt über so viele und abwechslungsreiche Badegelegenheiten an natürlichen Gewässern wie Berlin. Und nicht nur in der Stadt, auch im näheren brandenburgischen Umland finden sich zahlreiche himmlische Plätze zum Abkühlen an heißen Sommertagen. Gleich ob im Norden, Osten, Süden oder Westen: Kind und Kegel, in den Wagen, in Bahn, Bus oder aufs Fahrrad gepackt, kommen bei der Vielfalt an herrlichen Seen alle zu ihrem Badevergnügen. Einzige Voraussetzung: sommersonnenstrahlendes Wetter.
Sei es eine Sahara-ähnliche Sandpiste oder ein lauschiges Waldbadeplätzchen, sei es mit adriatischem Strandtrubel oder am stillen, schilfumzogenen See - damit Sie wissen, wo Luftmatratze und Liegestuhl, Picknickdecke und Sonnenschirm am besten zum Einsatz kommen, haben wir aus der Fülle an Strandbädern, Badestränden, Badewiesen, Flussbädern und Badestellen die schönsten in und um Berlin für Sie ausgewählt.

Viel Spaß beim Baden!



*Im Seebad Friedrichshagen*

# Hinweise zur Benutzung

Auf die Beschreibung der ausgewählten Strandbäder, Badewiesen, -strände und Badestellen folgt jeweils ein ausführlicher Informationsanhang mit Adresse, Wegbeschreibung sowie gegebenenfalls Eintrittspreisen und Öffnungszeiten. Sämtliche angegebenen Öffnungszeiten beziehen sich ausschließlich auf das Sommerhalbjahr, auch die der empfohlenen Ausflugslokale, Boots- und Fahrradverleihe oder der Sehenswürdigkeiten am Wegesrand. Im Winterhalbjahr gelten in der Regel andere, eingeschränkte Betriebszeiten.

Die angegebenen Eintrittspreise dienen der Orientierung. Wir haben uns bemüht, sie unmittelbar vor Redaktionsschluss alle noch einmal aktuell abzufragen, doch kann wegen zahlreicher Unwägbarkeiten wie steigenden Energiekosten, einem Pächterwechsel und ähnlichem, die manchmal zu leichten Preiserhöhungen führen, selbstverständlich keine Garantie für ihre dauerhafte Richtigkeit übernommen werden. Angeführt werden der Erwachsenen- und der Kindertarif. Darüber hinaus bestehen in den meisten eintrittspflichtigen Bädern Ermäßigungen für Senioren, Schüler, Auszubildende, Studenten sowie Sozialtarife für Menschen mit geringem Einkommen. Familien bietet eine Familienkarte in der Regel die Möglichkeit, günstig ins Bad zu gelangen.

Sämtliche Badeplätze sind so ausgewählt, dass sie nicht nur von Autobesitzern, sondern auch mit öffentlichen Verkehrsmitteln für einen Tagesausflug noch relativ gut zu erreichen sind. Fahrplanauskünfte zu den Berliner Verkehrsbetrieben erhält man unter Telefon 030/19449 und www.bvg.de, zur S-Bahn Berlin unter Tel. 030/29743333 und www.s-bahn-berlin.de, zu den Regionalbahnen unter Tel. 0180/5996633 und www.bahn.de. Auskunftstelefonnummern und Internetadressen der regionalen brandenburgischen Verkehrs-

*Freundliche Retter bei der Pfaueninsel*

gesellschaften sind jeweils im Infoanhang zu den einzelnen Badeplätzen zu finden.
Abschließend noch eine Bitte: Sollte der Parkplatz vor einem frei zugänglichen Badestrand doch einmal ein oder zwei Euro kosten, zahlen Sie diese bitte. Nicht nur weil die Damen und Herren vom Ordnungsamt unermüdlich Knöllchen verteilen, sondern weil diese Gebühren nicht selten den einzigen Beitrag darstellen, den die Gemeinden erheben, um ihre Ausgaben für den Unterhalt und die Pflege der Anlagen im Rahmen zu halten. Allein die Kosten für die Müllentsorgung schlagen enorm zu Buche. Und wer möchte schon gerne an einem strahlenden Sommertag zwischen alten Plastiktüten, Pappbechern und Pizzakartons sein Handtuch ausbreiten?
Mit dem Entrichten der kleinen Parkgebühr unterstützt man dagegen die Gemeinden in ihrem Aufwand, bekommt dafür im Gegenzug ein gepflegtes Badevergnügen und leistet darüber hinaus noch einen Beitrag zum Erhalt der schönen Natur.

## Zeichenlegende

- Toiletten
- Dusche
- Umkleidekabinen
- Imbiß
- Liegestuhlverleih
- Strandkorbverleih
- Einrichtung behindertengerecht (barrierefrei), Behinderten-WC
- Sonnenschirmverleih
- Kinderspielplatz
- Shop
- FKK FKK-Bereich
- Fahrradverleih
- Bewachter Strand, Wasserrettung
- Allgemeine Informationen
- Anfahrt mit öffentlichen Verkehrsmitteln
- Anfahrt mit dem eigenen Fahrzeug
- Übernachtungsmöglichkeiten
- Campingplatz
- Restaurant, Gaststätte
- Museen, Sehenswürdigkeiten
- Bootsverleih
- Surfschule, Wasserskianlage, Wasserskischule
- Tauchschule
- Wassersportgeräteverleih
- Fährverbindung, Wassertaxi, Ausflugsschiffe
- Landschaftsgarten, Park

Über 3000 Seen werden in der Region Berlin-Brandenburg gezählt, davon ein großer Teil in und unmittelbar um die Hauptstadt herum. Die Wasserqualität ist in der Regel sehr gut, und so herrscht an heißen Sommertagen ein ungetrübtes Badevergnügen.

# Tipps rund ums Baden

# Badestellen wie Sand am Meer

Über 3000 Seen zählt die Region Berlin-Brandenburg. Mehr als 7000 wären es sogar, rechnete man noch die Seen hinzu, die weniger als einen Hektar groß sind. Dazu kommen noch weit über 30 000 Kilometer Fließgewässer. Damit ist Berlin-Brandenburg die wasserreichste Region in ganz Deutschland.
Als Relikte der letzten Eiszeit, die vor etwa 10 000 Jahren ausklang, waren die märkischen Seen, Sümpfe und der märkische Sand über ungezählte Generationen hinweg Ursache für ein beschwerliches, karges Leben. Heute – gezähmt und zivilisiert – bietet die wasserreiche märkische ›Streusandbüchse‹ in der schönen Jahreszeit unbeschwertes Badevergnügen. Allein 40 offizielle Badegelegenheiten gibt es in Berlin, stattliche 253 sind es in Brandenburg: als Strandbad, Badestrand, Waldbad, Badewiese oder als Badestelle; die eine bewirtschaftet, die andere nicht, mal handtuchklein, mal riesig groß. Die schönsten Badestellen in und um Berlin haben wir ausgewählt und beschrieben.

Strandbäder mit weitreichendem Service von Sanitär über Imbiss und Spielplatz bis hin zu Strandkorb- und Wassersportgeräteverleih sind bis auf wenige Ausnahmen eintrittspflichtig. Frei zugängliche Badestrände und Badewiesen bieten meistens ebenfalls Imbissmöglichkeit und WC; manche sind wie die Strandbäder von Rettungsschwimmern bewacht, andere aber auch nicht, und es herrscht ›Baden auf eigene Gefahr‹. Badestellen sind schließlich, wie der Name schon sagt, kleinere Plätze, die in der Regel weder bewacht noch bewirtschaftet sind, und dort heißt es: den Picknickkorb mitnehmen!

Was Sie in diesem Badeseen-Führer nicht finden werden, sind sogenannte Geheimtipps. Zum einen werden sie ihrem Namen fast nie gerecht, und zum anderen, und dies ist der wesentliche Grund, aus Naturschutzgründen. Naturgemäß umziehen dichte Schilfgürtel die Seen, die wie eine Art Öko-Allrounder nicht nur das Wasser filtern sowie den Lebensraum für eine große Zahl Vögel, Fische

*Im Seebad Friedrichshagen*

und Insekten bestellen, sondern darüber hinaus die Ufer befestigen und damit auch der Fauna und Flora am Wasserrand das Leben ermöglichen. Würde nun wegen eines ›Geheimtipps‹ das Schilf niedergetreten, wären die Kosten nicht zu ermessen. Zum Ausgleich dafür stellt uns die ›Streusandbüchse‹ zwischen den Schilfgürteln in Berlin und in Brandenburg eine Vielzahl an herrlichen Badestränden zur Verfügung.



## Badesaison

Die offizielle Badesaison beginnt in der Regel Mitte Mai und endet Mitte September. In dieser Zeit werden vom Berliner Landesamt für Gesundheit und Soziales sowie vom Landesumweltamt Brandenburg Gewässerproben entnommen, und die Wasserrettungsstationen der DLRG (Deutsche Lebens-Rettungs-Gesellschaft) und des DRK (Deutsches Rotes Kreuz) sind besetzt. Der ASB (Arbeiter-Samariter-Bund) startet sogar schon im April in die Saison und endet erst im Oktober. Letztlich hängt es vom Wetter ab, ab wann und wo man in die Seen eintauchen kann. Generell aber gilt: Die Gewässer sind überwiegend sehr flach und erwärmen sich schnell, und so kann die Badesaison in einem sonnenstrahlenden Sommer schon mal über fünf bis sechs Monate gehen.

Schönes Wetter ist aber nicht gleich Badewetter! Bei Schäfchenwolken am blauen Himmel und 20 Grad Außentemperatur besteht die Chance, seine Bahnen ziemlich alleine zu ziehen. Richtig voll wird es erst, wenn die Sonne vom Himmel brennt, also bei brütender Hitze.

## Badestrände und Anfahrtsmöglichkeiten

Die Bademöglichkeiten, die wir ausgewählt haben, liegen in und um Berlin im U- und S-Bahnbereich bzw. Regionalbahnbereich plus maximal eine Bus- oder Tramverbindung. Sie sind also auch mit öffentlichen Verkehrsmitteln in der Regel gut zu erreichen. Sie sind also auch mit öffentlichen Verkehrsmitteln in der Regel gut zu erreichen. Da manche Stellen für Ortsunkundige möglicherweise nicht ganz einfach zu finden sind, ist in den Infoanhängen jeweils eine ausführliche Wegebeschreibung beigefügt. Darüber hinaus ist den einzelnen Abschnitten immer eine Überblickskarte vorangestellt. Eine detaillierte Landkarte mit großem Maßstab kann sie jedoch selbstverständlich nicht ersetzen.

Dem Internet sei Dank besteht dafür die Möglichkeit, sich den Badesee seiner Wahl schon von zu Hause aus der Vogelperspektive anzuschauen. Dazu ist im jeweiligen Infoanhang zum Badeplatz dessen möglichst genaue Adresse angeführt, mit Straßenname, Postleitzahl, Ortsname. Diese gibt man bei www.maps.google.de in das Suchfeld ein, und eine Satellitenaufnahme der Region erscheint auf dem Bildschirm. Meist ist dann zwischen dem Grün (Wald) und dem Blau (See) auch schon ein heller Fleck (Strand) auszumachen, und ihn herangezoomt, lässt sich der Platz bis hin zu Strandkörben, Sonnenschirmen, Luftmatratzen und Bojen im Wasser bereits recht gut betrachten.

## Waldbrandgefahr in trockenen Sommern

Märkische Kiefernheide auf märkischen Sandböden kann in den regenarmen, manchmal recht heißen märkischen Sommern wie Zunder brennen. Infolge des hohen Anteils an Kiefernreinbeständen zählt Brandenburg sogar zu den waldbrandgefährdetsten Regionen in Deutschland. Gut ein Drittel aller Waldbrände lodern hier auf, davon sind über 90 Prozent von Menschen verursacht – meistens nicht absichtlich, sondern durch Unachtsamkeit. Deshalb hier einige Verhaltensregeln zu ihrer Vermeidung:

Werfen Sie niemals Zigarettenkippen und Streichhölzer, auch keine abgebrannten, in die Gegend. Ohnehin sind Rauchen und offenes Feuer im Wald, und dort auch in Wassernähe am Badestrand, streng verboten. Leere Flaschen, auch Plastikflaschen, können mit ein paar winzigen Tautropfen wie Brenngläser wirken. Sammeln Sie diesen gefährlichen Abfall bitte ein, auch den von anderen Leuten, sobald sie welchen entdecken. Parken Sie Ihren Wagen nicht auf ausgedörrtem Boden. Der heiße Auspuff auf strohtrockenem Gras könnte wie eine Initialzündung wirken.

In trockenen Sommern sind in den Strandbädern, in Ausflugslokalen und an anderen öffentlichen Orten Tafeln mit Angaben zur Waldbrandgefahr allgegenwärtig. Die verschiedenen Stufen von I bis IV sind definiert und jeweils mit bestimmten Verboten verknüpft:

- Keine Angabe heißt ›keine Waldbrandgefahr‹.
- Stufe I bedeutet ›Waldbrandgefahr‹ ohne weitere Angabe.
- Bei Stufe II, ›erhöhte Waldbrandgefahr‹, dürfen Spaziergänger die gekennzeichneten Waldwege nicht mehr verlassen, Parkplätze und andere touristische Einrichtungen im Wald können gesperrt werden.
- Stufe III warnt vor ›hoher Waldbrandgefahr‹. In diesem Fall sind kleinere und größere Feuer auch in den umliegenden Ortschaften, beispielsweise um im Garten Reisig zu verbrennen, nicht mehr gestattet.
- Stufe IV zeigt ›höchste Waldbrandgefahr‹ an. Dann ist das Betreten des Waldes strikt verboten, und auf den Straßen und Parkplätzen nicht nur im Wald, sondern auch am Waldesrand herrscht Parkverbot.

Sollte man unterwegs auf einen entstehenden Brandherd stoßen, heißt es löschen, mit allen zur Verfügung stehenden Mitteln und Möglichkeiten – allerdings nur solange man sich dabei nicht selbst in Gefahr begibt. Auf jeden Fall muss sofort die Feuerwehr alarmiert werden. Hierzu wählt man den bekannten Notruf 112.

*Die märkischen Kiefernwälder sind besonders waldbrandgefährdet*

## Wasserqualität

Dic Wassergüte der Berliner und umliegenden brandenburgischen Seen ist gut bis sehr gut. In Berlin liegen die meisten Badeplätze an den rückgestauten Fluss-Seen von Havel, Dahme und Spree. Die Seen sind überwiegend recht flach, ebenso wie die benachbarten brandenburgischen Gewässer, und relativ nährstoffreich. So kann es in heißen Sommern vor allem aufgrund hoher Phosphor- und Stickstoffkonzentrationen bei gleichzeitig geringer Fließgeschwindigkeit zur vermehrten Algenbildung kommen.

Die Algensaison beginnt im Frühsommer zunächst mit gelb-bräunlichen Eintrübungen. Im heißen Hochsommer kommen schließlich die gefürchteten Blaualgen. Sie schweben entweder fein verteilt bis zu zwei Meter Tiefe im Wasser und färben es, anders als ihr Name besagt, grünlich. Oder sie treten an der Wasseroberfläche in Ufernähe in Gestalt von Flocken, Büscheln und fädenartigen Kolonien in Erscheinung. Oder – und dies besonders unansehnlich – sie überziehen die seichten Buchten und Badestrände mit schlierenartigen grünen Teppichen, die ausschauen, als hätten Maler eimerweise grüne Dispersionsfarbe ins Wasser gekippt.

Wirklich gefährlich sind die Blaualgen deshalb aber nicht. Für gesunde Menschen ohne Allergien stellt ihr Auftreten eher ein ästhetisches Problem dar. Bei empfindlichen Personen kann es allerdings zu Hautreizungen und allergischen Reaktionen kommen, und in jedem Fall sollte man das Wasser nicht schlucken und, so man partout dort baden möchte, sich anschließend gründlich abduschen. Hat man dagegen zu viel von dem Wasser genossen, sind Übelkeit und Erbrechen nicht ausgeschlossen. Kinder, die beim Tollen und Planschen meistens reichlich Wasser hinunterschlucken, sollten während einer Algenblüte deshalb besser nicht baden.

Von Mitte Mai bis Mitte September werden vom Berliner Landesamt für Gesundheit und Soziales sowie vom Landesumweltamt Brandenburg an den Badeplätzen regelmäßig Wasserproben entnommen und geprüft. Die stets aktuellen Ergebnisse für sämtliche offiziellen Badestellen hinsichtlich Sichttiefe und Wasserqualität kann man in Berlin unter www.berlin.de/badegewaesser nachlesen oder am Badegewässertelefon unter 030/90 12 55 55 in Erfahrung bringen. Für die brandenburgischen Gewässer gilt die etwas längere Adresse des Landesumweltamts Brandenburg: www.brandenburg.de/cms/detail.php/lbm1.c.223803.de.

### Blaue Flagge

Mit dem internationalen Umweltsymbol ›Blaue Flagge‹ werden weltweit Meeresstrände, Sportboothäfen und seit dem Jahr 2000 auch Binnenland-Badestellen für eine mustergültige Umweltarbeit ausgezeichnet. Dafür werden strenge Kriterien an Wasserqualität, Service- und Sicherheitsstandards sowie die umweltgerechte Pflege der Badestelle angelegt. Naturbelassene Abschnitte dürfen durch den Badebetrieb nicht gefährdet werden, und das Wasser wird gemäß der EU-Badegewässerrichtlinie alle 14 Tage geprüft.

## Schilfrohr – natürliche Filteranlagen am Ufersaum

Wo es Wasser gibt, darf unser höchstes einheimisches Gras nicht fehlen. Unter Schilfrohr, Rohr, Röhricht, Schilf, Teichrohr, Reet, Ried und weiteren Namen ist ›Phragmites australis‹ bekannt. Auf allen fünf Kontinenten ist es zu Hause, dort wo sein Wurzelraum ununterbrochen von Wasser bis maximal zwei Meter Tiefe überflutet sein kann, und dient den Menschen – schwer entflammbar, wärmedämmend, elastisch, biegsam und frostresistent – als eine der ältesten Kulturpflanzen der Welt.

Das Schilfrohr liebt Schlick und Schlamm. Dieser sollte möglichst stickstoff- und basenreich sein, aber relativ sauerstoffarm, und das Gewässer am liebsten friedlich und still. Reißende Ströme oder gar Hochwasser mag das Schilfrohr nicht. Kurz, es ist eine Sumpfpflanze und schätzt darum die gemächlichen, nährstoffreichen, flachen Berliner und Brandenburger Gewässer.

Unter idealen Bedingungen kann das Rohr seine Fläche mittels Samen, Wurzelsprossen und bis zu zehn Meter langen Legehalmen alle drei Jahre verdoppeln; und wenn das Schilf sich richtig auswachsen darf, kann es bis zu vier Meter hoch werden. So bietet es Lebensraum nicht nur für die verschiedensten Tierarten – Vögel, Fische, Amphibien und Insekten –, sondern auch für zahllose Mikroorganismen, die Nährstoffe abbauen und auf diese Weise das Wasser reinigen. Je intensiver dabei das Schilfrohr durchwurzelt ist, desto höher ist auch die Reinigungsleistung. Dichte Schilfgürtel sind die besten natürlichen Kläranlagen.

Allerdings ist es empfindlich. So geschmeidig, wie es sprichwörtlich seine Köpfe im Wind bewegt, so knickgefährdet zeigt es sich unter dem Wasserspiegel. Wird nur ein Halm niedergelegt, kann dies zum Ertrinken ganzer miteinander verwurzelter Schilfrohrgemeinschaften führen. Düngemittel und Flächenversiegelung beispielsweise durch den Bau von Uferpromenaden, wildes Baden und vor allem die Wellen der Motorboote tun ein Übriges, den Schilfbestand zu gefährden.

Ist er erst einmal ausgedünnt oder gar zerstört, gerät das gesamte Ökosystem See aus dem Gleichgewicht. Die Nährstoffkonzentrationen erhöhen sich, zugleich sind die Ufer schutzlos der Witterung und den Wellen ausgeliefert, werden unterspült und rutschen allmählich ab. Und was tut man dagegen? – Man baut eine befestigte Uferkante. Schilfrohr neu anzupflanzen ist ein mühseliges, jahrelang dauerndes Unterfangen. Nur die Hälfte der von Menschenhand mühsam in den Schlamm gesetzten Sprösslinge geht überhaupt an.

Zum Schutz der so empfindlichen wie nützlichen Sumpfpflanzen werden deshalb dort, wo wie etwa auf der Havel Motorboot- und Schiffsverkehr herrscht, landabwärts vor dem Schilf Palisaden als Wellenbrecher im Wasser aufgestellt. Und zum Schutz vor ›wild‹ Badenden hat man dort, wo ein ›Baden verboten‹-Schild keinen Eindruck macht, wie etwa in Potsdam am beliebten Heiligen See, zu drastischen Mitteln gegriffen und einen Maschendrahtzaun um das Ufer gezogen. Damit das Schilf weiterhin Lebensraum für die Tierwelt bietet und weiter als beste natürliche Kläranlage wirken kann.

*Hochbetrieb am Müggelsee*

Ob großer Sonnensandstrand, grüne Badewiese oder stille Waldbadestelle – Berlin bietet eine bunte Vielfalt an Bademöglichkeiten. Ohne lange Anfahrtswege ist man schnell der hektischen Großstadt entflohen und genießt Sonne, Wasser und Badespaß.

# Badeseen in Berlin

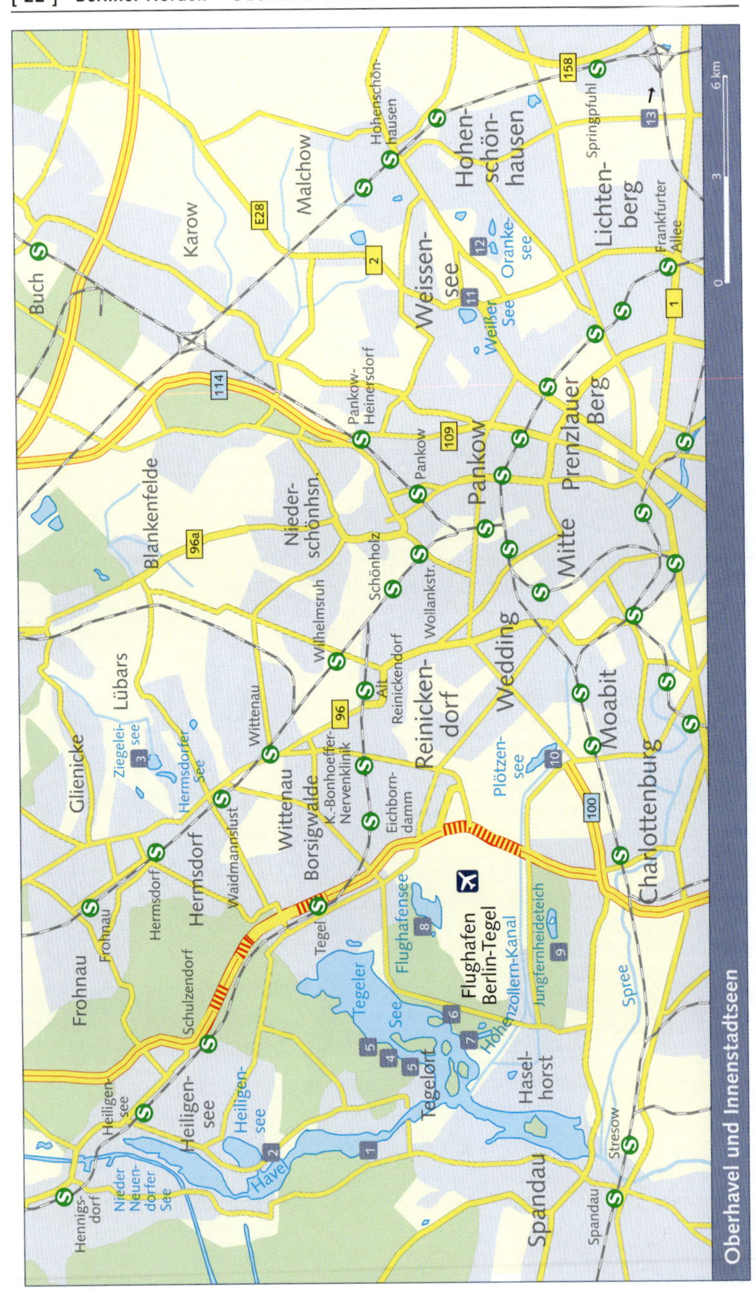
Oberhavel und Innenstadtseen
0
3
6 km
Buch
Karow
Malchow
Hohenschönhausen
Hohen-schön-hausen
Weissen-see
Oranke-see
Weißer See
Lichten-berg
Springpfuhl
Frankfurter Allee
Blankenfelde
Pankow-Heinersdorf
Pankow
Prenzlauer Berg
Nieder-schönhsn.
Schönholz
Wollankstr.
Mitte
Wilhelmsruh
Alt-Reinickendorf
Reinicken-dorf
Wedding
Moabit
Lübars
Glienicke
Ziegelei-see
Hermsdorfer See
Wittenau
K.-Bonhoeffer-Nervenklinik
Eichborn-damm
Plötzensee
Charlottenburg
Frohnau
Hermsdorf
Waidmannslust
Borsigwalde
Tegel
Flughafensee
Flughafen Berlin-Tegel
Jungfernheideteich
Hohenzollern-Kanal
Spree
Schulzendorf
Tegeler See
Tegelort
Hasel-horst
Heiligen-see
Heiligensee
Havel
Hennigs-dorf
Nieder Neuen-dorfer See
Spandau
Stresow
E28
2
114
109
158
96a
96
100
1

## Berliner Norden – Oberhavel und Innenstadtseen

Die Havel fließt von Norden ins Berliner Stadtgebiet ein und erweitertet sich sogleich zu herrlichen Seen. Vom Badestrand Bürgerablage ganz oben an der Landesgrenze zum brandenburgischen Nieder Neuendorf über den Tegeler See – Berlins zweitgrößtes Gewässer nach dem Müggelsee – bis nach Saatwinkel, nicht mehr weit von der Spandauer Zitadelle entfernt, finden sich an den Ufern der Oberhavel zahlreiche schöne Badestrände. Sie liegen meistens lauschig am Waldrand, und fast könnte man sie als Idyllen bezeichnen, wäre da nicht die Einflugschneise des nahen Flughafens Tegel.

Die Badeseen weiter in Richtung Innenstadt wurden, wie beispielsweise der Flughafensee mit seinen riesigen Sanddünen, einst von Menschenhand angelegt, während östlich der Weiße See und der Orankesee Überbleibsel einer ehemaligen Seenkette sind. Wegen des enormen Wasserbedarfs der rasant wachsenden Millionenmetropole verlandete diese aber bereits an der Wende vom 19. zum 20. Jahrhundert.

Die innerstädtischen Seen sind unkompliziert mit S- und U-Bahn, Bus oder Tram zu erreichen und bieten sich deshalb nicht nur für den Wochenendausflug, sondern auch an einem heißen sonnigen Nachmittag für einen kurzen Sprung ins erfrischende Wasser an.

### 1 Badestrand Bürgerablage

Zwei Geschichten erzählen davon, wie der Badestrand im nördlichsten Zipfel Spandaus, unmittelbar vor der Stadtgrenze nach Brandenburg, zu seinem lustigen Namen kam. Die eine besagt, dass die Flößer von Nieder Neuendorf hier an der Havelbucht am Rande des Spandauer Forsts ab Mitte des 18. Jahrhunderts ihr Nutzholz ablegten und dafür eine Gebühr an die Spandauer Bürgerkasse entrichteten. Die andere berichtet, die Spandauer Bürger selbst hätten an dieser Stelle ihr Bauholz gelagert.

Welche der beiden Geschichten die historisch richtige ist, lässt sich nicht mehr zweifelsfrei feststellen. Dagegen ist ›Ablegen‹ mit Gewissheit auch heute noch angesagt. Gut 3500 Quadratmeter Sand breiten sich vor dem Wald zur Havel hin aus. Etwa 30 Meter lang ist der sanft geschwungene Wasserzugang, der zugleich den Blick auf das gegenüberliegende Konradshöher Ufer freigibt. Auf weichem Sandboden geht es relativ flott ins tiefere Wasser, bereits nach zehn Metern hat es Bauchnabelhöhe erreicht. Weiter draußen markieren Tonnen das Ende des vor dem Schiffsverkehr ge-

*Badestrand Bürgerablage*

schützten Badebereichs, darüber hinaus hat die Wasserwacht den Badespaß am Wochenende im Blick.
Direkt hinter dem Sandstrand schließt sich das Ausflugslokal ›Jagdhaus‹ mit großem Biergarten an – was in der Kombination von Baden und ausgedehnten Waldspaziergängen die Beliebtheit der Bürgerablage erklärt. Draußen auf den Bänken im Schatten der Bäume und drinnen im rustikalen Ambiente werden Wildspezialitäten, Deftiges aus Topf und Pfanne sowie Fisch und Salate serviert.

**Badestrand Bürgerablage**

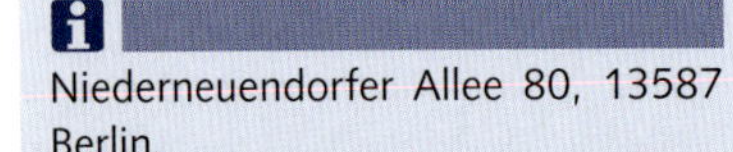

Niederneuendorfer Allee 80, 13587 Berlin.

DLRG, ASB.

Ab S+U Rathaus Spandau (von Norden her ab S Hennigsdorf) Bus 136 bis ›Bürgerablage‹, nahe der Bushaltestelle führt ein Stichsträßchen durch den Wald zum Havelufer (mit ›Jagdhaus‹ ausgeschildert, keine 400 m zu Fuß)

Etwa 500 m südlich der Berliner Stadtgrenze von der Niederneuendorfer Allee am mit ›Jagdhaus‹ ausgeschilderten Stichsträßchen einbiegen, nach ca. 200 m vor dem Ausflugslokal ›Jagdhaus‹ ein großer Parkplatz.

**Jagdhaus an der Bürgerablage**, Niederneuendorfer Allee 80, 13587 Berlin, Tel. 030/33 30 86 30, www.jagdhaus-berlin.de, Di–So 10–23 Uhr.

## 2 Seebad Heiligensee

Dass Dorfidylle auch in der Hauptstadt möglich sein kann, zeigt sehr schön der alte Ortskern von Heiligensee. Mit einer Reihe von Ausflugsgaststätten erstreckt er sich malerisch auf einer schmalen Landbrücke zwischen Nieder Neuendorfer See, Havel und Heiligensee. Dort am Südufer des stillen, weil für Motorboote gesperrten Heiligensees liegt das über hundertjährige Seebad, und bis heute hat es sich seinen familiären, friedlichen Charakter bewahrt.
Über 5000 Quadratmeter Liegebereich zum Handtuchausbreiten auf grüner Wiese, Schatten durch im lockeren Abstand gepflanzte Bäume und vorne am Ufer ein zum Buddeln und Sandburgenbauen ausgespartes Sandstrandrondell bieten vor allem Familien mit kleinen Kindern ungetrübtes Badevergnügen. Herrlich weicher Sandboden führt ins seichte, glasklare Wasser. Der Planschbereich für die Kleinen ist mit Leinen gesichert und mit einer quietschroten Elefantenwasserrutsche bestückt. Der Clou für die Großen ist der Drei-Meter-Sprungturm am Ende des langen Stegs, der vom Sandstrand in den See hinaus führt. Links und rechts von der weitläufigen Liegewiese haben es sich hinter dem Schilf Dauercamper gemütlich gemacht.
Ein Imbiss gleich vorne am Eingang versorgt die Gäste mit Limo, Würstchen und Eis, und in der benachbarten Gaststätte kommt neben Kaffe und Kuchen gutbürgerliche deutsche Küche und dazu kühles Blondes auf den Tisch.

▸ Karte S. 22

Seebad Heiligensee

Sandhauser Straße 132–140, 13503 Berlin, Tel. 030/43746970. Tgl. 9–19 Uhr, Erwachsene 3 Euro, ermäßigt 2 Euro, Kinder unter 3 Jahren frei, Gäste bis 18 Jahre 1.50 Euro.

Bademeister, Rettungsschwimmer, Schwimmlehrer.

Ab U Alt-Tegel Bus 133 bis Endstation ›Alt-Heiligensee‹, von dort mit dem Bus 324 weitere drei Stationen bis ›Strandbad Heiligensee‹ oder die Straße Alt-Heiligensee 1 km nach Süden laufen.

Anfahrt über die Straße Alt-Heiligensee bzw. Sandhauser Straße, vor dem Bad befindet sich Ecke Elchdamm ein Parkplatz; weitere Parkmöglichkeiten am Straßenrand.

## 3 Strandbad Lübars

Bereits seit 1926 gibt es das Strandbad ganz oben im Berliner Norden am Ziegeleisee. Bis 1924 wurde hier Ton gestochen und wurden Ziegel gebrannt, aus denen unter anderem das Rote Rathaus und das Spandauer Rathaus entstanden. Anschließend lief der aufgelassene Tonstich mit Grundwasser voll, die Natur setzte sich wieder ins Recht, und nur ein uralter vergessener Lastwagen 15 Metern unter dem Wasserspiegel erinnert noch an die Entstehung des Ziegeleisees von Menschenhand.

*Strandbad Lübars*

Mit über 3,5 Hektar Fläche nimmt das Strandbad heute fast das gesamte nördliche Seeufer ein. Rechts vom Eingangsbereich liegt das Gebäude, das Schwimmmeisterei und Restaurant mit kleiner Freiluftspeiseterrasse beherbergt, links schließen sich Imbiss und Pavillon mit Dusche, WC und Umkleide an. Von dort fällt das Gelände in Terrassen zum Ufer ab: oben mit Volleyballfeld, Fußball- und Kinderspielplatz, eine Stufe tiefer als schmale, von Buschwerk und Steinmäuerchen gesäumte Liegemöglichkeit, die abermals eine Stufe tiefer auf das schilfbestandene Seeufer stößt und außerdem ein Stückchen dicht mit Bäumen bestandene Wiese freigibt. Diesen ruhigeren Bereich ohne direkten Wasserzugang bevorzugen die älteren Gäste. Denn spätestens da, wo der zwar schmale, aber über hundert Meter lange Sandstrand beginnt, herrscht großer Badebetrieb.

Etwa die Hälfte des Strands ist von einer Uferkante gefasst, in der eine gesicherte kleine Kinderplansche ausgespart ist. Die zweite Strandhälfte, dazwischen ein Steg mit Drei- und Fünf-Meter-Sprungturm, bietet übergangslos Zugang vom

Sand ins Wasser in einen gekennzeichneten Nichtschwimmerbereich. Große und kleine Wasserrutsche dürfen nicht fehlen, ebenso wenig wie Strandkörbe, die in lockerem Abstand im Sand aufgestellt sind. Eine weitläufige Liegewiese, auf der verstreut Strandkörbe und hohe Bäume zu finden sind, schließt sich im weiten Bogen an den Badestrand an.

Allabendlich pünktlich um 19.45 Uhr kommen die Wildgänse, die am Ziegeleisee übernachten und morgens wieder von dannen ziehen. Weitere tierische Stammgäste sind eine Ente mit gebrochenem Flügel und ein Schwanenpaar, das im Freibad Lübars jedes Jahr seine Jungen großzieht.

### Freibad Lübars

Am Freibad 10, 13469 Berlin, Tel. 030/4026050. Tgl. 9–20 Uhr, Erwachsene 4 Euro, ermäßigt 2.50 Euro, Kinder bis 15 Jahre 1.50 Euro.

Bademeister, Rettungsschwimmer.

Ab S Waidmannslust Bus 222 bis ›Am Vierrutenberg‹, von dort 750 m zu Fuß über die Straße am Vierrutenberg/Straße am Freibad.

Anfahrt über Zabel-Krüger-Damm, nördlich in die Straße am Vierrutenberg einbiegen. Kurz nachdem diese in die Straße am Freibad übergegangen ist, befindet sich gegenüber vom Bad ein großer Parkplatz.

*Strandbad Tegel*

▲ Karte S. 22

## 4 Strandbad Tegel

Der mit kleinen Inseln geschmückte Tegeler See ist nach dem Müggelsee der zweitgrößte Berliner See. An seinem Westufer nimmt das Strandbad Tegel am Rande des Tegeler Forsts etwa 300 Meter Seeufer ein. Gut 200 davon sind reiner Sandstrand, 80 bis 100 Meter breit und wie an der Ostsee mit einer kleinen Strandkorbparade geschmückt. Im nördlichen Strandbadgelände liegt hinter Kinderspielplatz, Basketballnetz und Tischtennisplatte unter hohen Eichen der FKK-Wiesenbereich, vorne am Wasser geht der Blick über den Sand auf das grüne östliche Havelufer und davor die Inseln Scharfenberg und Lindwerder.

Rechts und links schirmen die beiden Inseln das Strandbad vom offenen Tegeler See ab und erwecken damit den Eindruck einer abgeschiedenen Badebucht.

Sanft führt der Sandstrand ins Wasser hinein. Zentraler Blickfang inmitten ist der lange Steg mit dem Bademeisterhäuschen obenauf, von dem rechts und links Leinen im Wasser Nichtschwimmer von Schwimmer abgrenzen. Im Schwimmerbereich, am Ende zur Schifffahrrinne hin durch Tonnen markiert, stehen ein Drei-Meter-Sprungturm sowie eine riesige, zweibahnige Wasserrutsche. Für das leibliche Wohl sorgen eine Beachbar und ein Imbiss mit Speiseterrasse.

**Strandbad Tegel**

Schwarzer Weg, 13505 Berlin, Telefon 030/434 10 78. Tgl. 9–19.30 Uhr, Erwachsene 4 Euro, ermäßigt/Kinder 2.50 Euro, Kinder unter 4 Jahre frei.

Bademeister, Rettungsschwimmer.

Ab U Alt-Tegel Bus 222 bis ›Falkenplatz‹, dort östlich in den Waldkauzweg einbiegen und nach einem kurzen Stück noch an Häusern vorbei durch den Wald (ca. 1200 m Fußweg).

Anfahrt über Konradshöher Straße, am Ortseingang Konradshöhe in die Waldkauzstraße einbiegen, dieser durch den Wald zum Strandbad folgen, vor dem Bad ein großer Parkplatz.

## 5 Badestellen nahe Strandbad Tegel

Wenige Meter südlich vom Strandbad pendelt eine Seilfähre über die Scharfenberger Enge zum Schulinternat auf der Insel Scharfenberg. Unmittelbar an der Fähre sowie dem benachbarten DLRG-Häuschen ist das Baden verboten, was mit Blick auf die Insel und den regen Bootsverkehr über die See-Enge keiner Erklärung bedarf.

Gleich dahinter schmiegt sich ein rund 70 Meter langes, knapp 20 Meter breites Sandband in die sichelförmige kleine Bucht. Es führt sanft ins recht seichte Wasser hinein und steigt rückwärtig ebenso sanft zum Wald hin an, wo es schließlich in Wiese und Waldboden übergeht.

Wenige Meter nördlich vom Strandbad Tegel öffnet sich vor dem Uferweg ein etwa 30 mal 30 Meter kleiner Sandfleck mit Wasserzugang und hinter dem Uferweg ein Stückchen von Bäumen umrahmte Wiese, auf dem man sich ausstrecken kann.

**Badestellen nahe Strandbad Tegel**

Beide Badestellen am Seeufer nahe Strandbad Tegel.

DLRG, ASB.

Siehe Strandbad Tegel.

## 6 Badestelle gegenüber der Insel Reiswerder

Am Waldrand der Jungfernheide am Ostufer des Tegeler Sees öffnet sich, von Weiden und alten Eichen gerahmt, der kleine Sandstrand auf etwa 40 Meter Länge zum Wasser. Das Eiland Reiswerder gegenüber scheint zum Greifen nah, und tatsächlich sind es kaum mehr als 200 Meter Wasserweg, den die Fußgängerfähre zur Insel hinübertuckert; als einzige knatternde Fahrgelegenheit, ansonsten ist die Enge zwischen Festland und Reiswerder für Motorboote gesperrt.

Die Fähre teilt sich den Bootssteg links am Ende des Badestrands mit der DLRG, deren Wasserrettungsstation im Hintergrund vor dem Wald liegt. Das mit reichlich Graffiti verzierte Häuschen, ein paar altersschwache Holzbänke und drei schattenspendende hohe Eichen sind die einzige Einrichtung, die der zwischen 20 und 30 Meter breite Sandstrand zu bieten hat – nicht zu vergessen die Tonnen im Wasser, die das Ende der Badestelle markieren. Nördlich schließt sich an den Sand ein lichter kleiner Wiesenwaldboden zum Liegen an.

Die ruhige, entspannte Atmosphäre stört leider der Verkehr auf der nahen Bernauer Straße, der als unaufhörliches Rauschen herüberdringt, und auch der Flughafen Tegel ist nicht weit entfernt.

*Zum Greifen nah: die Insel Reiswerder*

▲ Karte S. 22

**Badestelle gegenüber Reiswerder**

Bernauer Straße, 13507 Berlin.

DLRG.

Ab S Tegel/U Holzhauser Straße Bus 133 bis ›Weg nach Reiswerder‹, an der Haltestelle führt der Weg direkt zum Strand, der bereits in Sichtweite zwischen den Bäumen durchschimmert.

Anfahrt über Bernauer Straße, auf Höhe der Bushaltestelle ›Weg nach Reiswerder‹ den Wagen abstellen (Parkmöglichkeiten auf dem Seitenstreifen), ab Bushaltestelle weiter wie oben.

## 7 Badestrand im Saatwinkel

Die hübsche seichte Bucht dehnt sich keine 800 Meter südlich von der Badestelle gegenüber der Insel Reiswerder aus. Im Schutz einer Landnase zieht sie mit Sicht auf die Inselwelt im Tegeler See halbmondförmig die Runde und präsentiert bei etwa 70 Meter Wasserzugang gut 3000 Quadratmeter Sandstrand. Der Café-Imbiss ›Seeblick‹ nahebei serviert Hamburger, Pizza, Pommes und Eis, und so könnte man fast von einem perfekten Badetag reden, wäre da nicht der Lärm vom gerade mal einen Kilometer Luftlinie entfernten Flughafen Tegel.

Nördlich der Landnase, auf der die Wasserrettungsstation und einer Mikrosieb-Anlage Quartier haben, folgt unter mächtigen Eichen eine weitere kleine Waldbadestelle. Eine etwa 30 Meter lange, recht schmale Sandfläche führt übergangslos ins sehr seichte Wasser. Rechts davon nehmen Schilf und Brennesseln das Ufer ein. Geht man den Spazierweg am Seeufer entlang weiter in nördliche Richtung, ist bald darauf die Badestelle gegenüber Reiswerder erreicht.

### Gedenkstein für Darius Ekbatani

Am Badestrand im Saatwinkel erinnert ein Gedenkstein an Darius Ekbatani, der 23-jährig seinen Mut mit dem Leben bezahlte. An einem Badetag im Juni 2007 griff er ein, als vier Jugendliche auf einen Mann einschlugen, nachdem dieser sie aufgefordert hatte, ihren Müll fortzuräumen. Darius Ekbatani wurde durch einen Messerstich getötet, der damals 17-jährige Täter verbüßt mittlerweile eine achtjährige Jugendstrafe.

**Badestrand im Saatwinkel**

Straße im Saatwinkel, 13599 Berlin.

DLRG, ASB.

Anfahrt über Bernauer Straße, auf Höhe der Bushaltestelle ›Marienwerder‹ Wagen abstellen (Parkmöglichkeiten auf dem Seitenstreifen), ab dort zu Fuß weiter wie unter ›Bus‹ beschrieben.

Ab S Tegel/U Holzhauser Straße Bus 133 bis ›Marienwerder‹, von dort in den Marienwerder Weg einbiegen, wenige Schritte später rechts in den Waldweg (wird später Sandweg) und dem Schild ›ASB-Rettungsstation‹ folgen, bis man auf die Mikrosieb-Anlage stößt. Dort nach links eingeschwenkt, ist nach etwa 100 Metern der Sandstrand bereits zu sehen; rechts führt der Weg zur Waldbadestelle.

*Am Saatwinkel*

## 8 Badestrand Flughafensee

Er ist gewissermaßen der Hippie unter den Berliner Badeseen. Baden kann hier jeder nach seiner Façon, Menschen, Hunde und andere Lebewesen, mit oder ohne Garderobe, als Kleinfamilie, Großfamilie oder Alternativ-WG, mit Picknickkorb, Bionade im Rucksack oder auch Bierkasten im Schlepptau. Der riesige Strand, der sich vom Nordufer des Flughafensees bis weit über die Hälfte des Westufers ausdehnt, reicht für alle, um ein wahlweise schattiges oder auch sonnendurchglühtes Plätzchen zu finden.

Am Nordwestufer liegen unterhalb vom Waldweg, vor dem sandigen steilen Uferhang, mehrere kleine Badenischen sowie zwei größere Sandhänge, auf denen, da Sonnenseite, besonders gerne Nackedeis brutzeln. Am Westufer fallen vor der grünen Kulisse der Jungfernheide mächtige Sandhänge zum See hinab, der zwischen vereinzelten Landvorsprüngen schöne Strandbadebuchten ausbildet. Und so steil die Sandhänge zum Ufer hinabstürzen, so sanft geht es von dort aus in den See hinein. Wer über den Sandboden watet, steht nach zehn Metern gerade mal bis zu den Knien im Wasser.

Oberhalb beginnt am Westufer hinter dem Uferrundweg eine wilde Wiese, auf der man sich sichtgeschützt zwischen hohem Gras und Gehölzen ausstrecken kann. Vorne am Weg sind im Schatten alter Eichen Picknickplätze angelegt, und WC- und große Müllcontainer deuten an, dass es am Flughafensee manchmal auch ganz schön voll werden kann.

Kurz vor dem Vogelschutzgebiet am südlichen Ufer eröffnet sich schließlich der ultimative Sandstrand. Vom Wasser bis zu der gewaltigen Sanddüne, die sich im Hintergrund bald 20 Meter hoch auftürmt, nimmt er beinahe Fußballfeldgröße an – ein beliebtes Refugium für Westberliner Althippies und Rucksackkampierer.

*Am breiten Badestrand des Flughafensees*

▲ Karte S. 22

Rundum bestehen dort außerdem eine Fülle weiterer Rückzugsmöglichkeiten zwischen Grasnarben, Büschen und Bäumen. Und hat man erst einmal die hohe Sanddüne erklommen, genießt man einen perfekten Blick über den See und Flughafen hinweg bis in die Ferne zum Fernsehturm am Alexanderplatz.

Direkt nebenan dröhnen auf dem Rollfeld des Flughafens Tegel die Düsenmaschinen, um kurz darauf in den Himmel über Berlin abzuheben.

Bis zum Mauerfall durften den Westberliner Luftraum nur die staatlichen Fluglinien der drei Westalliierten ansteuern, folglich hielt sich auch der Lärm einigermaßen in Grenzen. Heute herrscht dagegen pausenloses Starten und Landen. Flugzeuge über dem Bauch, als Augen- und Ohrenspektakel.

Der Flughafensee ist selbst Ergebnis dieses 1974 eröffneten Lufthafens, er wurde als Kieslieferant für dessen Bau 28 Meter tief ins Erdreich gegraben. Damals befand sich hier ein gewaltiges Loch – und heute das tiefste aller Berliner Gewässer.

### NABU-Freilandlabor

Badevolk, Vögel und Flugzeuge: Geht das zusammen? Im eingemauerten Westberlin mit begrenztem Naturangebot war die Frage Naherholung oder Naturschutz nicht selten konfliktgeladen. 1982 besetzten Naturschützer das südliche Flughafenseeufer, und Sandtrockenrasen, Heide, Gebüsch und verlandende Uferzonen wurden wenig später zum Vogelschutzreservat. Über 50 Vogelarten brüten auf dem Gelände, das der Mensch nicht betreten darf, mehr als 400 Pflanzenarten, hunderte Schmetterlings- und rund 40 verschiedene Libellenarten werden gezählt.

Am westlichen Seeufer hinter dem Badestrand unterhält der Naturschutzbund Deutschland (NABU) bereits seit 1986 ein Freilandlabor, das seitdem Kindern im außerschulischen Unterricht die Natur näherbringt. Vor dem Gebäude kann man auf Infotafeln nachlesen, was im Schatten der großen Vögel nebenan auf dem Flughafen im Vogelschutzreservat am südlichen Seeufer alles seinen Lebensraum hat.



#### Badestrand Flughafensee

Am Flughafen Tegel, 13507 Berlin.

Baden auf eigene Gefahr.

Ab U Otisstraße Richtung Seidelstraße laufen, diese überqueren, dort direkt am Parkplatz rechts in den Uferweg einbiegen. Ein breiter Schotterweg, geht anschließend in einen Waldweg über, bis nach etwa zehn Minuten die ersten kleinen Badestellen auftauchen, nach 15 bis 20 Minuten folgen die größeren Badebuchten, bis zur Riesendüne am Ende des Badestrand sind es etwa 30 Spazierminuten.

Anfahrt über Seidelstraße, gegenüber der einmündenden Otisstraße ein unbefestigter größerer Parkplatz, von dort wie unter ›Bus‹ beschrieben.

**NABU-Freilandlabor am Flughafensee,** Kontakt: Tel. 030/98 69 83 70, http://berlin.nabu.de.

## 9 Strandbad Jungfernheide

Nicht nur im Strandbad Wannsee und im Müggelsee badet man auf historischem Boden. Anfang der 1920er Jahre wurde im damals noch 185 Hektar umfassenden Waldgebiet der Jungfernheide der gleichnamige Volkspark für die Berliner geschaffen. Der Entwurf für die Anlage stammte vom berühmten Charlottenburger Stadtgartendirektor Erwin Barth; bereits 1923 konnte die Badeanstalt mit künstlichem Wasserbecken und Seepavillon ihre Tore öffnen.

Heute ist dem Jungfernheideteich längst nicht mehr anzumerken, dass es sich um ein zwar grundwassergespeistes, aber eben kein natürliches Gewässer handelt. Er ist rundum dicht mit Laubwald umstanden, am Westufer zieht sich im Halbkreis ein bis zu 50 Meter breiter Sandstrand entlang. Strandkörbe und Liegestühle auf dem schmalen Grasstreifen im Schatten der Bäume bieten Alternativen zum Handtuchausbreiten.

Mit Sandboden unter den Füßen geht es ins seichte Wasser hinein. Eine mit Bojen bestückte Leine führt vom langen Steg am nördlichen Ufer quer durch den See zum Südufer und trennt den Nichtschwimmerbereich mit kleiner Wasserrutsche vom Schwimmerbereich ab. Für den Wassersport werden Wasserliegen, Ruderboote und Surfbretter verliehen, und auch das Volleyballfeld darf natürlich nicht fehlen.

Insgesamt bietet das Strandbad auf gut 12 000 Quadratmetern Badespaß. Im zentralen Eingangsbereich sind nördlich WC, Umkleide und Außenduschen untergebracht, südlich sorgt ein Imbiss mit kleiner Sonnenterrasse für Eis- und Frittennachschub. Unmittelbar nebenan lässt man sich im Restaurant ›Café am See‹ Fischspezialitäten, deutsche und internationale Gerichte schmecken. Das Restaurant ist allerdings nicht vom Strandbad aus, sondern nur separat zu betreten.

*Strandbad Jungfernheide*

▲ Karte S. 22

### Strandbad Jungfernheide

Jungfernheideweg 60, 13629 Berlin, Tel. 030/38309839. Tgl. 10–19 Uhr, Ew. 3.50 Euro, Kinder bis 14 Jahre 2 Euro, Kinder bis 2 Jahre frei.

Bademeister, Rettungsschwimmer.

Ab U Siemensdamm den Jungfernheideweg knapp 500 m hochlaufen.

Anfahrt über Jungfernheideweg, ein Parkplatz befindet sich wenige Schritte vom Strandbad entfernt.

**Café am See**, Jungfernheideweg 60, 13629 Berlin, Tel. 030/38308038. Mai–Aug. tgl. ab 8 Uhr mit open end, Sept.–April Mi–So ab 12 Uhr mit open end.

## 10 Strandbad Plötzensee

Auch wenn das Auge rundum beinahe nur Grün erblickt, wegen des Lärms von der nahen Autobahn vergisst man nie: Das Strandbad Plötzensee liegt mitten in der Großstadt Berlin. Ausgedehnte Liegewiesen mit Baumgruppen wie in einem englischen Landschaftspark schmücken das insgesamt 40000 Quadratmeter große Gelände. Vorne am Plötzensee verteilen sich rund 7500 Quadratmeter herrlicher Strand über die gesamte Länge des Bads. Ebenso lang ist die Leine, die den Nichtschwimmerbereich mit großer Wasserrutsche absichert, und erst in der Hälfte des langgezogenen Sees zeigen Bojen das Ende des Schwimmerbereichs an.

Strandkörbe säumen das Ufer, weiter südlich verteilen sich Volleyballfeld, Basketballkorb und ein Kinderspielplatz mit Klettergerüst, Rutsche und einem riesigen Seilzirkus im Sand. Auf halber Höhe am Strand markiert eine Strandbar – geöffnet bei Sommersonnenbadewetter immer ab 13 Uhr – die imaginäre Grenze zwischen Textil im südlichen und FKK im nördlichen Badebereich. Dort breiten die Nacktbadenden ihre Handtücher ebenso gern auf den breiten Betonstegen aus, die ein 50-Meter-Schwimmerbecken einfassen, wie auch im Sand oder oberhalb auf der FKK-Liegewiese. Für das leibliche Wohl sorgt ein Imbiss mit großer Aussichtsterrasse über dem See. Das denkmalgeschützte Gebäude wurde zwischen 1926 und 1928 so in den Hang gebaut, dass es von oben bis auf das Imbisshäuschen kaum wahrnehmbar ist.

Eine Freitreppe verbindet den Strand mit dem weitläufigen Wiesenbereich, wo sich neben zahllosen Liegemöglichkeiten im Schatten der Bäume ein Abenteuerspielplatz und außerdem eine große Ballspielwiese, Fußballtore und Tischtennisplatten finden.

### Gedenkstätte Plötzensee

Am Südufer vom Hohenzollernkanal, quasi gegenüber vom Strandbad, wurden in den Gebäudetrakten der Justizvollzugsanstalt Plötzensee zwischen 1933 und 1945 beinahe 3000 Menschen durch die NS-Justiz hingerichtet, darunter Mitglieder des Kreisauer Krei-

*Strandbad Plötzensee*

ses und der Anti-Hitler-Verschwörung vom 20. Juli 1944.
Die Gedenkstätte Plötzensee erinnert heute an die Millionen Opfer des Dritten Reichs, die für ihre politische Überzeugung, wegen ihrer Religion, Nationalität oder ›Rasse‹ eingesperrt und ermordet wurden.

## Strandbad Plötzensee

Nordufer 26, 13351 Berlin, Telefon 030/45020123. Tgl. 9–21 Uhr, Erwachsene 4 Euro, erm. 2.50 Euro, Kinder bis 15 Jahre 1.50 Euro, Kinder unter 4 Jahre frei.

Schwimmmeister, Rettungsschwimmer.

Ab S Beusselstraße/U Seestraße/U Hansaplatz Bus 106 bis ›Sylter Straße‹, ab S Bornholmer Straße/U Osloer Straße/U Seestraße Tram 50 und M13 bis ›Virchow-Klinikum‹, von dort wenige Schritte südwärts über die Seestraße, ins Nordufer einbiegen, noch etwa 200 m zum Eingang vom Strandbad.

Anfahrt über Seestraße/Nordufer, Parkplätze befinden sich am Nordufer auf dem Seitenstreifen vor dem Strandbad.

Ein **Bootsverleih** mit Tret-, Ruder- und Angelbooten im Angebot, dazu Imbissbetrieb und kleiner Bierterrasse am Wasser, liegt am südlichen Plötzenseeufer; Adresse: Nordufer 23, 13351 Berlin, Tel. 030/4524021; täglich ab 10 Uhr.

**Gedenkstätte Plötzensee**, Hüttigpfad, 13627 Berlin, Tel. 030/26995000, www.gedenkstaette-ploetzensee.de, tgl. 9–17 Uhr.

Karte S. 22

## 11 Strandbad Weißensee

Wie ein kreisrundes Auge liegt der Weiße See im kleinen Park im Herzen des Stadtteils Weißensee. Mit Blick auf die 30 Meter hohe Fontäne, die im Sommer über dem See ihr Wasser versprüht, nimmt das Strandbad rund 1200 Meter des Ostufers ein. Die Form der ursprünglich 1912 errichteten und 1977 umgestalteten Anlage ist außergewöhnlich: rechteckig, terrassiert, mit einer Sandstrandplattform, die gut 40 Meter in den See hinausragt.

Von außen erscheint die historische Badeanstalt wie eine mit bunten Graffitis verzierte Bretterwand, innen entpuppt sie sich dann als umso gemütlicher. Neben Kasse, WC, Dusche, Umkleide und Schließfächern beherbergen die Pavillons sogar ein Massagestudio für das Wohlfühlprogramm. Zur linken Seite herrscht auf der Terrasse ab morgens Café-Betrieb. Acht Stufen führen von dort zum feinsandigen Badestrand auf die Plattform hinab. Etwa einem Meter hoch thront sie über dem Seespiegel, die Balustrade komplett in Beton gefasst. Links auf der Sandterrasse befinden sich eine Strandbar mit Topfpalmen, Bierbänken, Bistrotischen und Hollywoodschaukeln, rechts eine Liegefläche sowie ein Mini-Kinderspielplatz, und im Zentrum ist ein 25 mal 25 Meter kleines Nichtschwimmerbassin ausgespart. Dahinter beginnt der Schwimmerbereich, den man von der Balustrade auf direktem Weg über Badeleitern erreicht.

Chillen, grillen und Cocktails schlürfen in der ›Überseebar‹, abends dem Sonnenuntergang hinter der Fontäne zugucken und Baden bis in die Puppen ist angesagt. Und wenn in lauen Sommernächten die Grillen zirpen, kommt in der Café-Strandbar mit Badebetrieb, mitten in Berlin, fast so etwas wie Mittelmeerstimmung auf.

*Die Café-Terrasse im Strandbad Weißensee*

## Strandbad Weißensee

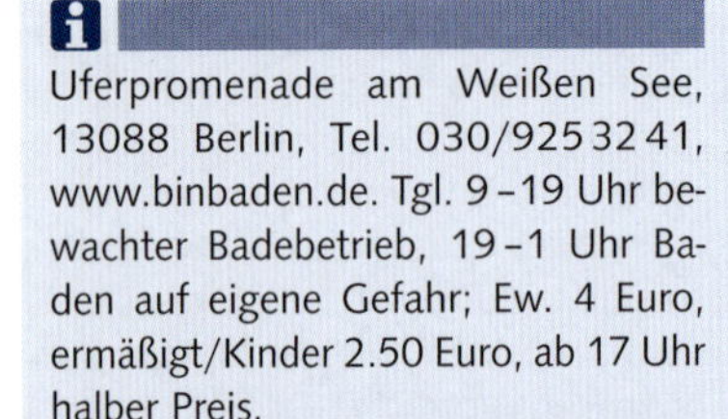

Uferpromenade am Weißen See, 13088 Berlin, Tel. 030/925 32 41, www.binbaden.de. Tgl. 9–19 Uhr bewachter Badebetrieb, 19–1 Uhr Baden auf eigene Gefahr; Ew. 4 Euro, ermäßigt/Kinder 2.50 Euro, ab 17 Uhr halber Preis.

Schwimmmeister, Rettungsschwimmer.

Ab S Nordbahnhof/U Eberswalder Straße Tram 12 bis ›Berliner Straße/Indira-Ghandi-Allee‹, ab S+U Pankow Bus 255 bis Berliner Straße/Indira-Ghandi-Allee‹, von dort den Weg in die Grünanlage zum östlichen Seeufer einschlagen.

Anfahrt über die Berliner Allee; mit dem PKW direkt zum See zu gelangen, ist nicht möglich; die besten Parkmöglichkeiten befinden sich nördlich in der Großen Seestraße.

**Café-Restaurant Milchhäuschen**, Parkstraße 33a, 13086 Berlin, Telefon 927 11 44, www.milchhaeuschen-berlin.de. Am Westufer des Sees, große Speiseterrasse über dem See, neue deutsche und internationale Küche.

Ruder- und Tretboote am Südufer, Mo–Fr von mittags bis 19 Uhr, am Wochenende 10–19 Uhr.

*Spätsommer am Weißen See*

▲ Karte S. 22

## 12 Strandbad Orankesee

*Strandbad Orankesee*

Mitten in Berlin und mit öffentlichen Verkehrsmitteln gut zu erreichen, gibt es für Familien mit kleinen Kindern wohl kaum etwas Schöneres als das Strandbad Orankesee. Als es 1929 am Nordufer des Sees eröffnete, wurde für den über 200 Meter langen, gut 40 Meter breiten Strand eigens Ostseesand herbeigekarrt. Der See speist sich aus Grundwasser, ergänzt um aus 80 Meter Tiefe gepumptes Brunnenwasser. So bleibt er, selbst wenn seine Kollegen in Hitzeperioden längst Blüten treiben, immer glasklar. Rundum geht der Blick auf Grün, die Großstadt scheint weit entfernt.

Die insgesamt 25 000 Quadratmeter umfassende Anlage ist außerordentlich gepflegt. Nahe dem Eingangsbereich mit Imbiss und kleiner Sonnenterrasse schließen sich Umkleiden und ein neuer Sanitärbereich an. Vorne am feinen Sandstrand greift ein Holzsteg weit ins Wasser aus, mit einem hübschem kleinen Bademeisterholzhäuschen obenauf. Leinen trennen links und rechts vom Steg Schwimmer- und Nichtschwimmerbereich. Gleich rechts vom Steg steht der Orankebad-Hit: eine riesige spiralförmige Wasserrutsche. Und damit die ganz Kleinen nicht zu kurz kommen, gibt es für sie links vom Steg eine Minirutsche. Den Sandstrand beschließen vor einem Steinmäuerchen Strandkörbe, die mit Seeblick aufgestellt sind, dahinter dehnt sich unter hohen Bäumen auf grünem Rasen der Liegebereich aus. Ballspielen ist hier verboten, dafür steht eigens eine recht große Ballwiese zur Verfügung. Ein Kinderspielplatz, Tischtennisplatten und das obligatorische Volleyballfeld runden das Angebot ab.

**Strandbad Orankesee**

**i**

Gertrudstraße 7, 13053 Berlin, Tel. 030/9864032, www.strandbad-orankesee.de. Tgl. 9–19 Uhr, bei schlechtem Wetter lieber anrufen und nachfragen; Ew. 4 Euro, ermäßigt 2.50 Euro, Kinder unter 2 Jahren frei, ab 17 Uhr halber Preis.

Bademeister, Rettungsschwimmer.

Ab S Alexanderplatz Tram M4 bis ›Buschallee/Hansastraße‹, dort entweder umsteigen und noch eine Station mit der Tram 27 bis ›Stadion Buschallee/Suermondtstraße‹ fahren oder zu Fuß gehen; ab ›Stadion Buschallee/Suermondtstraße‹ südlich durch die Grünanlage etwa 200 Meter über den Orankestrand-Weg zum Strandbad.

Anfahrt über Augusta- oder Oberseestraße; relativ großer Parkplatz direkt vor dem Bad.

## 13 Biesdorfer Baggersee

Klein, aber fein präsentiert sich die neu gestaltete Grün- und Freizeitanlage rund um den Biesdorfer Baggersee ganz im Osten Berlins. Ein Rundwanderweg um das nicht allzu große Gewässer und knapp 14 000 Quadratmeter Erholungsfläche für stressgeplagte Großstädter wurden geschaffen. Weitere 34 500 Quadratmeter sind für Biotop- und Artenschutz reserviert. Und das Beste ist: Gerade mal hundert Meter trennen den See von der U-Bahn-Station. So ist das kühle Nass auch für einen Sprung mal zwischendurch gut zu erreichen. Allerdings darf man dabei keine Naturidylle erwarten: Vom Bade- und Liegebereich geht der Blick westlich auf Stromüberlandleitungen, die über eine Datschenkolonie ziehen, und von Nord-/Nordost bis Süd breiten sich die Häuser von Biesdorf aus. Dazu gibt es ein kontinuierliches Verkehrsrauschen von der nahen B 1/5.

Der Bade- und Liegebereich dehnt sich am Süd- und Südwestufer aus. Auf der Rasenfläche zwischen dem See und im Hintergrund dem Uferrundweg sind hier und da geschwungene hölzerne Doppelliegen fest im Boden verankert. Sie sind so breit, dass sogar eine Kleinfamilie auf ihnen Platz nehmen kann. Das grüne Ufer fällt davor zum Wasser ab, mal etwas steiler, mal wieder flacher, und bildet an der Südwestspitze schließlich ein kleines Sandrondell zum Buddeln und Burgenbauen aus. Wie es sich für einen Baggersee gehört, geht es auf Sandboden butterweich unter den Füßen ins Wasser hinein – dabei ohne Leinen, Bojen oder andere Markierungen, die gesicherte Schwimm- und Planschbereiche abgrenzen würden.

Am Westufer erstreckt sich hinter der busch- und baumbestandenen Böschung der Freizeitbereich mit Tischtennisplatten, einem Volleyballfeld, einigen Ein-Personen-Holzliegen verstreut auf dem Rasen und ein paar Picknicktischen. Die gesamte Anlage, 2008 fertiggestellt, ist barrierefrei. Allerdings gibt es keine Toiletten. Und für das Catering sorgt, sofern man nicht seinen eigenen Picknickkorb mitbringen will, ein mobiler italienischer Eiswagen.

**Biesdorfer Baggersee**

Debenzer Straße, 12683 Berlin.

Baden auf eigene Gefahr.

U5 bis Biesdorf-Süd, von dort 100 m in nördliche Richtung.

Anfahrt über B 1/5; an der Kreuzung Alt-Biesdorf mit Blumberger Damm/Köpenicker Straße südlich in die Köpenicker Straße einbiegen, knapp 500 m darauf in die Wulkower Straße und von dieser gleich die nächste Möglichkeit in die Schackelsterstraße einschwenken; die Schackelsterstraße bis U-Bahnhof Biesdorf-Süd durchfahren, von dort wie unter ›Bus‹ beschrieben; Parkplätze am Straßenrand vor dem U-Bahnhof, weitere Parkplätze nördlich vom U-Bahnhof in der Debenzer Straße.

▶ Karte S. 22

## Berliner Südwesten – Unterhavel und Grunewaldseen

Südlich der Spandauer Schleuse, kurz nachdem die Havel die Spree geschluckt hat, beginnt das Berliner ›Unterhavel-Seenland‹. Wie oben im Norden bildet der Fluss auch auf seiner Reise durch den Südwesten der Hauptstadt schöne Gewässer mit zahlreichen Badestränden, Badewiesen und Badestellen aus. Am westlichen Ufer der Unterhavel liegen in Gatow die Große und die Kleine Badewiese am Wasser, und mit einer weitaus größeren Zahl herrlicher Sandstrände, immer begleitet vom grünen Grunewald, schmückt sie sich am östlichen Ufer. Es folgt südlich der weithin bekannte, vielbesungene Wannseestrand, Europas größtes Binnenstrandbad. Von dort zieht die Havel auf Höhe der Pfaueninsel ins UNESCO-Weltkulturerbe der Potsdamer Schlösser- und Gartenlandschaft ein, wo man mit Blick auf historische Schlösser und Parkanlagen ebenfalls im kühlen Nass eintauchen kann.

Ein gänzlich anderes Badegefühl stellt sich bei den Grunewaldseen ein, dem Nacktbadeparadies Teufelssee mitten im Wald ebenso wie weiter südlich der Krummen Lanke oder dem Schlachtensee. Die beiden Letztgenannten kommen zwar ohne spektakuläre Strände und Liegemöglichkeiten aus, sind dafür aber umso beliebter in Sachen Rund-um-den-See-Wandern mit Wasserhüpfen und anschließendem Spazierensitzen im Ausflugslokal.

*Die kleine Badewiese mit Blick auf den Grunewaldturm*

Staaken
Spandau
Spandau
Stresow
Ruhlebener Str.
5
Heerstraße
Wilhelm-straße
Dallgower Ch.
Pichelsdorf
Scharfe Lanke
Heerstraße
2
Potsdamer Chaussee
Gatower Str.
Havelchaussee
Schildhorn
16
Teufels-see
24
Gatow
17
Havelchaussee
Groß-Glienicker -Weg
14
18
Kladower Damm
15
Hohengatow
Grunewald-turm
Grunewald
Groß-glienicke
19
Lind-werder
Kladow
Kleine Steinlanke
Lieper Bucht
Groß-Glienicker-See
Ritterfelddamm
20
Schwanen-werder
Havelchaussee
Krumme Lanke
25
Imchen-allee
Imchen
Große Steinlanke
Avus
Klare Lanke
21
25
H a v e l
Schlachten-see
Wannseebadweg
26
Schlachtensee
22
Mexikoplatz
26
Pfaueninsel
Schlachtensee
23
Nikolassee
23
Wannsee
Großer Wannsee
Kronprinzessinnenweg
Nikolassee
1
Pfaueninselchaussee
Wannsee
Potsdamer Chaussee
1
Unterhavel und Grunewaldseen
0
2
4 km

## 14 Kleine Badewiese in Gatow

In unmittelbarer Nachbarschaft zum alten Gatower Dorfkern erstreckt sich die Kleine Badewiese am westlichen Ufer der Unterhavel. Sie zieht sich auf bald 200 Metern Länge um eine Landnase herum und ist mit ungefähr 12 000 Quadratmetern Fläche keineswegs so klein, wie ihr Name vielleicht vermuten ließe. Hohe alte Bäume und einige Picknickbänke sind über den Rasen gestreut. Im nördlichen Teil verhüllt dichtes Buschwerk die befestigte Uferkante und gibt nur gelegentlich, wie ein Fenster, den Blick auf das Wasser frei. Weiter südlich schließen sich halbmondförmig 20 bis 30 Meter lange Wasserzugänge mit Sandboden an. Auf halber Wiesenhöhe steht der schönen Sicht auf den Grunewaldturm am gegenüberliegenden Havelufer schließlich kein Baum mehr im Weg, und die Wiese fällt mit vorgelagerten Minisandstreifen sanft zum Wasser hin ab. Direkt am Wiesensaum sorgt die Gaststätte ›Kleine Badewiese‹ mit blumengeschmückter Café-Terrasse für Speis und Trank (deutsche Küche).

**Kleine Badewiese**

Alt-Gatow/Am Wiesenhaus, 14089 Berlin.

DRK.

Ab U+S Spandau Bus 134 bis ›Alt-Gatow‹, östlich der Dorfaue die Straße am Wiesenhaus hinuntergehen oder über den Parkplatz direkt zur Badewiese.

Anfahrt über die Straße Alt-Gatow, ein Parkplatz befindet sich 200 m südlich der Dorfkirche an der Dorfaue unmittelbar vor der Badewiese.

**Gaststätte Kleine Badewiese**, Am Wiesenhaus 8, 14089 Berlin, Telefon 030/ 362 41 98, Di–So 9.30–22 Uhr.

## 15 Große Badewiese in Gatow

Die große Schwester der Kleinen Badewiese liegt keine zwei Kilometer weiter südlich in Hohengatow. Zwischen 50 und 60 Meter breit und gut 350 Meter lang, ist sie von einem Spazierweg durchzogen. Schattenspendender lockerer Baumbestand, ein paar Picknickplätze, ein Sandbuddelkasten und auf halber Höhe ein DLRG-Häuschen zählen zur Einrichtung. Das Ufer ist mit einer gut einen Meter hohen Betonkante eingefasst, von der aus in größerem Abstand Stufen ins Wasser führen. In der südlichen Hälfte der Liegewiese wechselt der Spazierweg nach vorne ans Ufer. Die befestigte Kante weicht einer mit dichtem Grün bewachsenen Böschung, vor der Palisaden das noch zarte dünne Schilf vor Wellen schützen. Nach etwa 150 Metern öffnet sich vor dem Weg ein kleines Sandrondell als Badezugang, wenige Schritte weiter besteht eine weitere Möglichkeit ins Wasser zu gelangen. Dazwischen geht der Blick immer wieder zwischen den Bäumen hindurch auf den Grunewaldturm und die Lieper Bucht am östlichen Havelufer. Rückwärtig liegen hinter hohen Hecken am sanften Uferhang die Hohengatower Villen verborgen.

## Große Badewiese

Hellebergeweg, 14089 Berlin.

DLRG.

Ab S+U Spandau Bus 134 bis ›Helleberge‹, ab S Heerstraße/U Theodor-Heuss-Platz Bus X34 bis ›Helleberge‹, von dort läuft man den Hellebergweg bis zum Wasser hinunter (ca. 500 Meter).

Anfahrt über Kladower Damm/Hellebergweg, eingeschränkte Parkmöglichkeiten am Straßenrand.

**Restaurant Havelwelle**, Krielower Weg 20b (wenige Schritte nördlich der Großen Badewiese), 14089 Berlin, Tel. 030/80203411. Tgl. 10–22 Uhr, mediterrane und regionale Gerichte am Uferweg neben dem Sporthafen.

*Große Badewiese in Gatow*

## 16 Badestelle Schildhorn

Das schönste an der kleinen Badestelle auf der Spitze der Halbinsel Schildhorn am nordwestlichen Ufer der Unterhavel ist die herrliche Sicht über das Wasser. Links schmiegen sich hinter Bootsstegen die Häuser von Weinmeisterhöhe ans grüne Ufer, im Hintergrund ragen die Hochhäuser von Spandau-Wilhelmsstadt auf, vor den Augen liegt die Halbinsel Pichelswerder im Wasser, und rechts erstreckt sich kaum weniger grün der Grunewald mit dem RBB-Sendeturm.

Nur 100 Meter breit und 400 Meter lang schiebt sich die Landzunge Schildhorn nordwärts in die Havel hinaus. An ihrer Spitze weitet sich der sonst schmale Uferstreifen und gibt rundum ein paar Flecken Wiese und Sand frei. Westlich

▲ Karte S. 40

begrenzt der DLRG-Steg das kleine Badevergnügen, dahinter steht leicht erhöht die Wasserrettungsstation – übrigens die zweitälteste in Berlin, was angesichts des Getümmels von Ruderbooten, Segelbooten und Schiffen, die hier auf der Havel kreuzen, nicht weiter verwundert. Nach einer Gruppe von Büschen, Weiden, Kiefern und Buchen auf der äußersten Halbinselspitze öffnet sich ostwärts, der geschützten seichten Jürgenlanke zugewandt, ein zweiter, etwa 200 Quadratmeter kleiner, sonniger Sandstrand.

### Jaczo-Denkmal und Wirtshaus Schildhorn

Vom Wanderweg, der Schildhorn umrundet, führt ein Abzweig zum Schildhorn-Denkmal im Herzen der Halbinsel. Die 1845 nach einem Entwurf von Friedrich August Stüler errichtete Säule erinnert an die Sage vom Wendenfürst Jaczo aus der Gründungszeit der Mark Brandenburg. 1157 hatte Albrecht der Bär den Wendenfürst bei der Burg Spandau besiegt. Auf der Flucht durch die Havel, so erzählt es die Sage, schwor Fürst Jaczo kurz vor dem Ertrinken seinen heidnischen Göttern ab und flehte den Christengott um Hilfe an. Das Wunder geschah, Jaczo erreichte das rettende Ufer und fiel, nachdem er sein Schild und sein Horn an einen Baum gehängt hatte, zum Gebet auf die Knie. Seither, so sagt man, trägt die Landzunge den Namen Schildhorn.

Bereits seit den 1880er Jahren zählt das ›Wirtshaus Schildhorn‹ am Ufer der Jürgenlanke zu den beliebtesten Berliner Ausflugszielen. Im denkmalgeschützten Anwesen mit Fachwerkhaus, Landhaus, Wintergarten-Restaurant und schönem Sommergarten am Wasser tafelt man internationale Küche zu gehobenen Preisen.

**Badestelle Schildhorn**

Straße am Schildhorn, 14193 Berlin.

DLRG.

Ab S Heerstraße/U Theodor-Heuss-Platz Bus 218 bis ›Schildhorn‹, von dort die Straße am Schildhorn hinablaufen, am Parkplatz vorbei und den Fußweg neben dem ›Haus Schildhorn‹ einschlagen; er führt direkt auf die Landzunge, dort rechts zur Inselspitze vorlaufen (insgesamt ca. 600 Meter).

Anfahrt über Havelchaussee, in die Straße am Schildhorn einbiegen, von dort wie unter ›Bus‹ beschrieben; Parkplatz vor der Halbinsel am ›Haus Schildhorn‹.

**Wirtshaus Schildhorn**, Straße am Schildhorn 4a, 14193 Berlin, Tel. 030/30 88 35 00, www.wirtshaus-schildhorn-berlin.de. Tgl. ab 12 Uhr.

## 17 Badestelle Kuhhorn

Etwa 600 Meter südlich von der Halbinsel Schildhorn liegt am schönen Havelstrand bei der Wasserrettungsstation ›Kuhhorn‹ die nächste Badegelegenheit. Auf fast hundert Meter Länge dehnt sich vor der Grunewaldkulisse, immer wieder von Kraut und kleinen Gehölzgruppen unterbrochen, ein 20 bis 25 Meter langer, sandiger Badezugang

*Badestelle Kuhhorn*

aus. Zusätzlich versteckt sich am nördlichen Strandende hinter Bäumen und Büschen vor dem Uferspazierweg eine gut 100 Quadratmeter zählende Liegewiese. Vom kleinen Strand geht es auf Sand- und Kieselboden relativ rasch ins tiefe Wasser hinein. Nahebei markieren Tonnen die Schifffahrtsrinne und schützen die Badegäste vor dem regen Schiffsverkehr auf der Havel. Hingucker am gegenüberliegenden Gatower Ufer ist die schneeweiße Villa Lemm. Das 1907/08 für den Fabrikanten Otto Lemm im italienischen Stil erbaute Anwesen diente von 1945 bis 1990 als Sitz des britischen Stadtkommandanten. Heute befindet sich die denkmalgeschützte Villa, umgeben von einer weitläufigen Terrassengartenanlage, in Privatbesitz.

### Badestelle Kuhhorn

Havelchaussee 92b, 14193 Berlin.

DLRG.

Ab S Heerstraße/U Theodor-Heuss-Platz Bus 218 bis ›Havelweg‹, von dort noch rund 800 m zu Fuß über den Havelweg durch den Wald. Alternativ kann man die Badestelle über den etwa 600 m langen Uferweg ab Schildhorn erreichen.

Eine direkte Anfahrt ist nicht möglich, die nächste Gelegenheit den Wagen abzustellen, findet sich bei Schildhorn (s. Badestelle Schildhorn, S. 43), von dort ca. 600 m zu Fuß, wie unter ›Bus‹ beschrieben.

▲ Karte S. 40

## 18 Badestrand am Grunewaldturm

Vom grünen Grunewald eingerahmt, breitet sich – auf Höhe des Karlsbergs mit dem Grunewaldturm obenauf – unten am Havelufer ein feinsandiger Badestrand aus. Auf seinen über 120 Metern Länge springen zwei baum- und buschbestandene, winzige Landnasen ins Wasser hinaus, so dass sich insgesamt drei kleine Miniaturbuchten ausbilden: die nördliche mit einer Liegewiese, die beiden anderen mit hellem Sand, von dem es übergangslos ins recht schnell tiefer werdende Wasser geht. Etwa 20 Meter breit ist der schattenlose Strand, an dessen Ende der Uferwanderweg vor dem Waldsaum verläuft.

Dort steht auch das Häuschen der DLRG-Wasserwacht, von dem aus die Rettungsschwimmer das Badeleben an dieser vor dem Bootsverkehr geschützten, lauschigen Badestelle mitten im Grünen am Havelstrand immer im Auge haben.

### Der Grunewaldturm

Weithin sichtbar ragt der backsteinrote Grunewaldturm über den Baumwipfeln am Havelsteilufer auf. Aus Anlass des hundertjährigen Geburtstags von Kaiser Wilhelm I. begann man 1897 mit seiner Errichtung. Bereits zwei Jahre später war der ›Kaiser-Wilhelm-Turm‹, wie er damals hieß, im neugotischen Stil fertiggestellt. 55 Meter misst er vom Fuß bis zur Spitze, etwa 200 Stufen führen zur Aussichtsplattform in 36 Meter Höhe hinauf, und oben angelangt, genießt man einen fantastischen Rundblick auf Wasser und Land.

Unten am Turmfuß bereitet das ›Restaurant Grunewaldturm‹ neue Kreationen der deutschen Küche aus lokalen und regionalen Zutaten zu. Und für alle, die es gerne deftig mögen, kommen gegenüber auf der anderen Seite der Havelchaussee im Ausflugsrestaurant ›Waldhaus‹ drinnen und draußen im Schatten der Bäume herzhafte Wildspezialitäten auf den Tisch.



### Badestelle am Grunewaldturm

Havelchaussee 61, 14193 Berlin.

DLRG.

Ab S Heerstraße/U Theodor-Heuss-Platz Bus 218 bis ›Waldhaus‹, in den Waldweg einbiegen und gut 200 m zum Ufer hinunterlaufen.

Anfahrt über die Havelchaussee, vor dem Restaurant ›Waldhaus‹ etwa 200 m nördlich vom Abzweig zum Grunewaldturm ein großer Parkplatz, von dort wie unter ›Bus‹ beschrieben. Zahlreiche weitere Parkmöglichkeiten direkt am Grunewaldturm.

**Restaurant Grunewaldturm**, Havelchaussee 61, 14193 Berlin, Tel. 030/41720001, www.restaurant-grunewaldturm.de. Tgl. ab 10 Uhr.

**Ausflugsrestaurant Waldhaus**, Havelchaussee 66, 14193 Berlin, Tel. 030/3040595. Tgl. 9.30–22 Uhr.

Grunewaldturm, voraussichtlich noch bis Sommermitte 2009 ist der Aussichtsturm wegen Sanierung geschlossen, danach steht er den Besuchern täglich ab 10 Uhr wieder offen.

## ⑲ Badestrand an der Lieper Bucht

Gut einen Kilometer südlich vom Grunewaldturm liegt die idyllische Lieper Bucht mit der vorgelagerten Insel Lindwerder. Der kleine Havelseebusen könnte auch ›Schwanenbucht‹ heißen, denn das besondere Kennzeichen sind die zahlreichen nach Leckerlis aus dem Picknickkorb bettelnden Schwäne. Außerdem bevölkern Enten und an strahlenden Sommertagen auch viele Badegäste den hübschen Strand mitten im Grunewald.

Rundum bietet die Bucht mehrere Möglichkeiten ins Wasser zu gleiten. Der bekannteste, da nur wenige Schritte vom Parkplatz entfernte Strand ist mit einer Fläche von etwa 40 mal 20 Meter zugleich auch der größte. Buschwerk, Weiden und Kiefern umkränzen den feinen hellen Sand, und auf weichem Sandboden geht es ins seichte Havelwasser hinein. Linkerhand guckt die schwimmende Hausboot-Wasserrettungsstation der DLRG aus dem Schilf hervor. Rechterhand leitet der Strand in einen Sandweg über, der um einen Uferhain herum zum zweiten, geringfügig kleineren Badestrand führt. Etwas lauschiger ist es hier, da bereits zwei, drei Spazierminuten vom Parkplatz entfernt. Folgt man dem Weg auf die Nordseite der Lieper Bucht, finden sich dort nach wenigen Schritte ein paar weitere winzige Sandflecken mit Wassereinstieg.

### ■ Eiland und Restaurant Lindwerder

Nur einen Steinwurf von der Lieper Bucht entfernt schwimmt das Eiland Lindwerder im Wasser. Das kleine ovale Inselchen, das sich auf kaum zwei Hektar erstreckt, erfreut sich großer Beliebtheit. Denn es wartet mit dem Restaurant ›Insel Lindwerder‹ und dazu einem schönem Biergarten direkt vor den Havelwellen auf.

Eine kleine Fußgängerfähre setzt die 200 Meter Wasserweg vom Festland zum Restaurant-Eiland über. Der Anleger gleich südlich der Lieper Bucht ist über eine schmale Stichstraße von der Havelchaussee schnell erreicht, und dann heißt es, den Fährmann entweder mit einer Glocke herbeizuläuten oder ihn alternativ per Klingelknopf zu rufen. Nach kurzer Passage über die Wellen auf Lindwerder angelangt, dürfen sich die Gäste auf Spezialitäten wie Havelzander und knusprig gebratene Ente oder auch Deftiges aus Topf und Pfanne freuen.

**Badestrand an der Lieper Bucht**

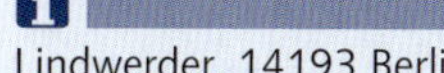

Lindwerder, 14193 Berlin.

DLRG, Rotes Kreuz.

Ab S Heerstraße/U Theodor-Heuss-Platz oder S Wannsee Bus 218 bis ›Lindwerder‹, von dort auf der Havelchaussee gut 200 m in nördliche Richtung zurücklaufen, zum Parkplatz einbiegen, von dort nur noch wenige Schritte zum Strand.

*Der Grunewaldturm*

Anfahrt über die Havelchaussee, 200 Meter nördlich vom Stichsträßlein zur Insel Lindwerder ein größerer Parkplatz.

**Restaurant Insel Lindwerder**, Havelchaussee/Lindwerder, 14193 Berlin, Tel. 030/8036584, www.lindwerder.de. Mi–Mo ab 12 Uhr mit open end.

*Badestrand an der Lieper Bucht*

## 20 Badestrand an der Wasserskistrecke

Zwischen Kleiner und Großer Steinlanke, dort wo das Havelufer ausnahmsweise einmal keine Bögen schlägt, sondern schnurgerade von Norden nach Süden zieht, erstreckt sich über gut einen Kilometer Berlins längster frei zugänglicher Havelstrand. Vor der Kulisse des Grunewalds - von der nahen Havelchaussee abgeschirmt durch ein schmales grünes Band unzugänglichen Dickichts - nimmt er Breiten zwischen 30 und 50 Metern an. Buschwerk und Baumgruppen unterteilen ihn in ausgedehnte Sandflächen mit daneben gleich wieder lauschigen Séparées: je nach Geschmack einsiedlerklein, pärchenpassend, familienplatzartig oder auch großsippengerecht. 15 große und etliche kleinere Sandflächen folgen Stück an Stück. Manche der über einen Sandweg miteinander verbundenen Strände öffnen sich zum Wasser mit fantastischem Havelblick, andere schirmen Büsche und Bäume vom Wasser ab, so dass sich sonnendurchglühte windstille Sandpiazzas bilden. So findet jeder sein Plätzchen, je nach Geschmack hier zum Sonnenbraten, da um unter schattigen Bäumen zu liegen, und dort schließlich, um in der Havel zu schwimmen.

▲ Karte S. 40

Vom Ufer gleitet man zunächst sanft ins Wasser hinein, das aber ziemlich schnell tief wird. Weit hinauswagen sollte man sich also nicht, zumal es keinen durch Leinen und Bojen gesicherten Schwimmbereich gibt und an der Wasserskistrekke darüber hinaus viele Motorboote die Wellen durchpflügen. Auf halber Strecke am Badestrand hat die DLRG von einem Bootshaus aus das Geschehen im Blick. Südlich endet das lange Sandband an einem Landvorsprung, hinter dem die Große Steinlanke beginnt – dort etwas bevölkerter, denn der Parkplatz an der Havelchaussee ist nicht weit entfernt. Ganz im Norden verjüngt sich der Strand und verliert sich kurz vor der Kleinen Steinlanke im grünen Dickicht.

**Badestrand an der Wasserskistrecke**

An der Havelchaussee zwischen Kleiner und Großer Steinlanke, 14109 Berlin.

DLRG.

Ab S Heerstraße/U Theodor-Heuss-Platz oder S Wannsee Bus 218 bis ›Havelchaussee‹ (von dort erschließt sich die nördliche Strandhälfte) oder ›Große Steinlake‹ (erschließt die Südhälfte).

Anfahrt über die Havelchaussee, Parkplatz bei der Bushaltestelle ›Große Steinlanke‹.

## 21 Badestrand Großes Fenster/ Große Steinlanke

Die seichte geschützte Bucht vor dem Grunewald, der hier mit Steilhängen zum Ufer abfällt, bietet einen 80 Meter langen, relativ schmalen Sandstrand und nahebei, unweit des DLRG-Stegs, eine kleine Liegemöglichkeit auf schütterer Grasnarbe. Was das Strandvergnügen betrifft, wäre die Große Steinlanke also keine besondere Rede wert, gäbe es nicht den wirklich großartigen Blick über die riesige Wasserfläche. Die Havel hat hier ihre berlinweit größte Ausdehnung erreicht. Südwestlich geht die Sicht auf die Insel Schwanenwerder, und kurz vor der Insel heißt der Uferknick nicht umsonst ›Großes Fenster‹.

Darüber hinaus ist der Badestrand für einen Ausflug mit kleinen Kindern sehr gut geeignet. So flach ist die Bucht, dass dort, wo in 30, 40 Meter Entfernung Tonnen das Ende des Badebereichs anzeigen und das Revier der Segel- und Surfschule beginnt, ein ausgewachsener Mensch gerade mal bis zur Brust im Wasser steht.

*Weitsicht inklusive: Große Steinlanke*

**Großes Fenster und Große Steinlanke**

Badeweg, 14109 Berlin.

DLRG.

Ab S Wannsee Bus 218 bis ›Großes Fenster‹, von dort keine 200 m auf dem Fußweg zum Sandstrand.

Anfahrt über die Havelchaussee, auf den Parkplatz in Straßennähe weist ein Schild ›Segelschule‹ hin, von dort ein kurzer Fußweg zum Strand.

## 22 Strandbad Wannsee

Im Jahr 2007 wurde der 100-jährige Geburtstag des größten Binnenseebads Europas gefeiert – und das ist beileibe nicht der einzige Superlativ, den das Strandbad Wannsee zu bieten hat. 130 000 Quadratmeter Wasserfläche, 225 000 Quadratmeter Land, davon auf fast 1,3 Kilometer Länge und zwischen 50 und 80 Meter Breite der herrliche Sandstrand, haben das Wannseebad zur Legende gemacht.

Im Jahr 1907 gaben die preußischen Autoritäten am Wannsee erstmals einen kleinen Uferstreifen zum Badevergnügen frei. Zwei Jahre später öffneten eine Damen- und Herrenbadeanstalt, die Ende der 1920er Jahre, nachdem die S-Bahn mit Anschluss in Wannsee in Betrieb gegangen war, vor lauter Badegästen aus allen Nähten platzte. So wurde 1929/30, nach Plänen von Richard Ermisch und Martin Wagner, eine neue Anstalt in den Uferhang gebaut: vier zweigeschossige Pavillons, die ein vorgelagerter Wandelgang miteinander verbindet und deren Dächer als Sonnendecks nutzbar sind. Der im Stil der Neuen Sachlichkeit errichtete, durch Treppen zum Strand hin gegliederte Gebäudekomplex steht heute ebenso unter Denkmalschutz wie oberhalb das Gebäude im Eingangsbereich.

Hat man dort die Kasse passiert, dehnt sich zunächst eine weitläufige Parkanlage mit Freiluftschach und weiteren Freizeitangeboten aus. Eine Freitreppe führt zwischen den Pavillons zum Strand hinunter. Links und rechts zweigt der Wandelgang ab, den man heute wohl eher als ›Ladenstraße‹ bezeichnen muss.

Neben Shops rund um das Badevergnügen herrscht von Pommes und Grillwürstchen über kühle Getränke, Kaffe und Kuchen bis hin zu Eis ein enormes Imbissangebot. Die weiteren Räumlichkeiten nehmen WC, Duschen, Umkleiden, Tages- und Saisonkabinen, Schließfächer, eine Erste-Hilfe-Station, Babywickelraum, Strandkorbvermietung, Schlauchboot- und Luftmatratzenaufpumpservice und andere Service-Einrichtungen ein.

Auf dem Sand zieht sich eine Strandkorbparade entlang, allerdings so gestellt, dass stets ausreichend Platz für Handtuchliegende bleibt. Tonnen in fast 100 Metern Entfernung zum Strand markieren das Ende des Schwimmerbereichs. Sandboden schmeichelt den Füßen im Wasser, das so flach ist, dass es nach etwa 50 Metern gerade mal die

▶ Karte S. 40

*Das Strandbad Wannsee ist das größte Binnenseebad Europas*

355
368

*Der lange Strand am Wannsee*

Oberschenkel erreicht. Als Sichtmarken dienen der lange Bademeistersteg und daneben die große Wasserrutsche.

Abgeschirmt im nördlichen Bereich liegt der FFK-Badestrand. Im südlichen Abschnitt verbreitert sich die Anlage zu einer strandkorbfreien riesigen Sandfläche, wo ein paar mächtige alte Weiden schattige Plätzchen bieten. Ein Volleyballfeld, Basketballkorb, Fußballtor, Tischtennisplatten und ein Kinderspielplatz und ganz unten im südlichsten Zipfel schließlich ein Tret- und Segelbootverleih runden das Angebot ab.

Das gesamte Strandbad ist rollstuhlgerechtgerecht ausgestattet.

**Strandbad Wannsee**

Wannseebadweg 25, 14129 Berlin, Tel. 030/803 54 50, www.berlinerbaederbetriebe.de, www.strandbadwannsee.de. Anfang Mai–Mitte Juli Mo–Fr 10–19 Uhr, Sa/So 8–20 Uhr, Mitte Juli–Ende Aug. Mo–Fr 9–20 Uhr, Sa/So 8–21 Uhr, Sept. tgl. 10–19 Uhr; Ew. 4 Euro, ermäßigt/Kinder 2.50 Euro, Kinder bis 2 Jahre frei, nach 17.30 Uhr 2 Euro.

DRK, Schwimmmeister.

Ab S Nikolassee über Spanische Allee/Wannseebadweg 15–20 Minuten zu Fuß; ab S Wannsee Bus 218 bis ›Wannseebadweg‹ und anschließend den Wannseebadweg ca. 800 m hochlaufen.

Anfahrt Spanische Allee oder Kronprinzessinnenweg, in den Wannseebadweg einbiegen, nach ca. 800 m ein riesiger Parkplatz neben dem Haupteingang.

▶ Karte S. 40

## 23 Badestellen gegenüber der Pfaueninsel

Auf einem Landvorsprung gegenüber der Pfaueninsel dehnt sich vor dem Wasserrettungs-Holzhäuschen am Jagen 97 ein idyllischer kleiner Sandflecken aus. Zwei zehn Meter breite Wassereinstiege links und rechts auf der Landspitze zwischen den Bäumen geleiten ins kühle Nass. Eine lange Sitzbank und ein WC-Container am Waldesrand sind neben der Wasserwacht die einzigen Einrichtungen. Dahinter verläuft am Waldrand die Uferpromenade.

Etwa 15 Minuten Spaziergang und eine Landnase später hat man auf dem Uferweg die saftige grüne Badewiese am Jagen 95 erreicht. Schilfumrahmt, 700 Meter lang und 30 Meter breit, bietet die kleine Bucht auf nahezu ihrer gesamten Länge einen sanften Wasserzugang. Das Hintergrundpanorama bilden dunkle Kiefern und hohe Laubbäume, davor ist die DLRG-Wasserwacht in einem Container untergebracht. Und wer nicht auf der Wiese Platz nehmen will, kann sich mit Blick über die Havel zur Pfaueninsel auf der wohl längsten Holzbank am Havelstrand niederlassen.

### Die Pfaueninsel

Als ›Oase, ein Blumenteppich inmitten der Mark‹ bezeichnete Theodor Fontane die Pfaueninsel. 1793 erwarb Preußenkönig Friedrich Wilhelm II. das Eiland und ließ ein Jahr später im südwestlichen Winkel eine schneeweiße Burg in Gestalt einer damals modernen romantischen Ruine errichten. Den Landschaftspark legte ab 1822 der große Gartenbaumeister Peter Joseph Lenné an. Weitere Sehenswürdigkeiten auf der Insel sind das von Karl Friedrich Schinkel umgestaltete Kavalierhaus, die Meierei und der Tempel zum Andenken an die jung verstorbene Gemahlin Friedrich Wilhelms III., die viel verehrte Königin Luise. Seit 1990 zählt die Pfaueninsel zusammen mit Schloss und Park Glienicke sowie der Potsdamer Schlösser- und Gartenlandschaft zum Weltkulturerbe der Menschheit.

Eine Personenfähre pendelt kontinuierlich zwischen Insel und Festland, wo das ›Wirtshaus zur Pfaueninsel‹ mit einem Biergarten hinter dem Schilf und herzhafter deutscher Küche zur Einkehr einlädt.

*Blick auf die Pfaueninsel*

**Badestellen gegenüber der Pfaueninsel**

Uferpromenade, 14109 Berlin.

DLRG.

Ab S Wannsee Bus 218 bis Endstation ›Pfaueninsel‹, von dort östlich in die Uferpromenade einbiegen, ca. 600 m bis Jagen 97, weitere 1000 m bis zur Badewiese am Jagen 95; der kürzere Weg zur Badewiese am Jagen 95 (rund 1000 m) führt ab Bushaltestelle ›Rübezahlweg‹ durch den Wald zum Havelufer (ca. 200 m westlich von der Haltestelle nach Norden in den Waldweg einbiegen und dann geradeaus bis zum Wasser hinab).

Anfahrt über Königstraße/Pfaueninselchaussee, Parkplätze kurz vor dem Fähranleger, von dort zu Fuß weiter wie unter ›Bus‹ beschrieben.

**Wirtshaus zur Pfaueninsel**, Pfaueninselchaussee, 14109 Berlin, Tel. 030/8052225, www.pfaueninsel.de. Tgl. 10–20 Uhr.

**Schloss und Landschaftsgarten Pfaueninsel**, Pfaueninselchaussee, 14109 Berlin. Di–So 10–17 Uhr (Schlossbesichtigung nur mit Führung), Fährbetrieb tgl. 8–21 Uhr.

## 24 Badewiese am Teufelssee

Der keine zweieinhalb Hektar kleine Teufelssee liegt im nördlichen Grunewald südlich vom Teufelsberg, am Ende der Teufelsbergchaussee. Sein Nordufer ist Naturschutzgebiet, an seinem Südufer tummelt man sich mehrheitlich hüllenlos auf der riesigen Liegewiese. FKK ist aber kein Muss, es geht auch Textil – jeder hält es halt so wie beliebt. Etwa 14000 Quadratmeter umfasst die zum Seeufer leicht abschüssige große Naturwiese, auf der sich ein paar umgelegte, glattgeschliffene Baumstämme zum Sitzen anbieten. An der grünen Uferböschung wechseln sich mehrere, bis zu 20 Meter breite Wassereinstiege über sandigen Waldboden ab. Dazwischen sind die Uferzonen durch niedere Holzgatter geschützt. In der Mitte des Teufelssees schwimmt eine Badeinsel, und sie dient nicht nur dem Badevergnügen. Zusammen mit Bojen zeigt sie das Ende des Schwimmbereichs an; die andere Seehälfte ist Naturschutzgebiet.

▶ Karte S. 40

Der geschützte Uferbereich beginnt westlich der Badewiese, wo der See in einem Bogen nach Norden schwingt. Ab dort ist die Natur sich selbst überlassen, umgestürzte alte Baumriesen und Seerosen schwimmen im Wasser. Drumherum führt in weitem Bogen ein Weg durch den Laubwald, ein Stückweit noch mit Sicht auf den See, den Backsteinschornstein vom Ökowerk und darüber die Abhörstation auf dem Teufelsberg, bevor er gänzlich in den Wald eintaucht.

### Teufelsberg und Ökowerk

Aus 26 Millionen Kubikmetern Trümmerschutt wurde der Teufelsberg nach dem Zweiten Weltkrieg aufgetürmt. Er ragt 115 Meter in den Himmel hinauf und ist damit nach dem Großen Müggelberg der zweithöchste Berg in Berlin. Obenauf erhebt sich mit großen weißen Kuppeln die Abhörstation, die Briten und Amerikaner zur Überwachung des Funkverkehrs hinter dem Eisernen Vorhang noch bis 1992 betrieben. Ein Vorhaben, auf dem Berg anschließend ein Luxushotel mit Spionagemuseum einzurichten, scheiterte. Seitdem steht die Anlage leer und verfällt.

Unterhalb, am Fuß des Teufelsbergs, dehnt sich vor dem Teufelssee das annähernd drei Hektar umfassende Gelände des Ökowerks aus. 1872/73 als Wasserwerk für die westlichen Berliner Vororte erbaut und knapp 100 Jahre später stillgelegt, stehen die Gebäude seit 1981 unter Denkmalschutz. Die alte Maschinenhalle ist original erhalten, in den ehemaligen Filterhallen zeigt das ›Infozentrum Wasserleben‹ Spannendes rund um das Thema Wasser. Das Freiluftgelände zieren Teiche und ökologische Themengärten, und im Bistro werden Bio-Eis, Bio-Torte, Kaffee und Vollkornkuchen serviert.

*Blick vom Seeufer auf das Ökowerk und die frühere Abhörstation auf dem Teufelsberg*

**Badewiese am Teufelssee**

Teufelsseechaussee 28, 14193 Berlin.

DLRG.

Ab S Heerstraße in die Teufelsseechaussee einbiegen, gut 3,5 km zu Fuß bis zum Ökowerk; oder ab S Grunewald die Avus unterqueren, durch den Wald geradeaus über den Schildhornweg und Neuen Schildhornweg, an dessen Ende rechts in die Verbindungsstraße einschwenken, die kurz danach in die Teufelsseechaussee einmündet, dort links, noch etwa 500 Meter bis zum Ökowerk (insgesamt ca. 2 km zu Fuß); vor dem Ökowerk links in den Weg, über den man in wenigen Minuten zum Teufelssee-Südufer mit der Badewiese gelangt.

Anfahrt über Heerstraße/Teufelsseechaussee, mehrere große Parkplätze am Fuß des Teufelsbergs kurz vor dem Ökowerk, von dort wie unter ›Bus‹ beschrieben.

**Bistro im Ökowerk**, Sa/So 12–18 Uhr, bei gutem Wetter auch Fr 12–18 Uhr.

**Naturschutzzentrum Ökowerk Berlin**, Teufelsseechaussee 22–24, 14193 Berlin, Tel. 030/3000050, www.oekowerk.de. Gelände Di–Fr 9–18 Uhr, Sa/So 12–18 Uhr, Infozentrum Wasserleben Di–Fr 10–16 Uhr, Sa/So 11–16 Uhr.

## 25 Badestellen an der Krummen Lanke

Der über einen Kilometer lange Rinnensee im südlichen Grunewald bietet einen Rundwanderweg und zwei Bademöglichkeiten, wahlweise Wiese oder Sand, hüllenlos oder Textil, so wie beliebt, und das keine 15 Spazierminuten von der U-Bahn entfernt.

An der Südspitze der Krummen Lanke führen von der Fischerhüttenstraße Stufen zum Ufer hinab, wo sich auch gleich die Badewiese befindet. Ein schmales Rinnsal unterteilt sie in zwei Hälften mit jeweils einem etwa zehn Meter breiten Wassereinstieg zwischen den Bäumen. Aber Vorsicht, es besteht Stolpergefahr! Die Böschung ist durch Holzbohlen vor dem Abrutschen befestigt, davor liegen schwere Granitstufen unter Wasser, und hat man diese Barriere gemeistert, stehen Erwachsene gleich bis zum Bauchnabel im See.

Von der Badewiese am Südufer reicht der Blick weit über die waldgerahmte Krumme Lanke hinweg. Oberhalb an der Fischerhüttenstraße steht bei strahlendem Sonnenwetter ein mobiler Imbisswagen, und auch das Ausflugsrestaurant ›Alte Fischerhütte‹ mit Biergarten am Ufer vom Schlachtensee ist nur fünf Minuten entfernt.

Wer lieber auf Sand als auf Gras liegt, wandert am Ostufer der Krummen Lanke gut 1000 Meter bis kurz vor die Nordspitze. Dort breitet sich im Schatten der Bäume ein schmaler, rund 50 Meter langer Badestrand aus. Auf sandigem Grund geht es halbwegs flach in den See, der aber ebenso wie an der südlichen Liegewiese rasch an Tiefe gewinnt.

### ■ Ausflugsrestaurant Alte Fischerhütte

Im östlichsten Winkel vom Schlachtensee, und auch vom Südufer der Krummen Lanke in wenigen Minuten zu Fuß zu erreichen, ist das Ausflugsrestaurant ›Alte Fischerhütte‹ auf Besucherscharen gut eingerichtet. Je nach Geschmack kann man im rustikalem Biergarten direkt am Seeufer Platz nehmen, sich im großen Speiseterrassenbereich saisonale Gerichte schmecken lassen oder im eleganten Restaurant klassische deutsche und österreichische Küche genießen. Bar und Weinhandlung sind angeschlossen. Außerdem stehen den Gästen ein Kinderspielplatz sowie ein hauseigener Mini-Badestrand zur Verfügung.

▸ Karte S. 40

**Badestellen an der Krummen Lanke**

Fischerhüttenstraße, 14163 Berlin.

Baden auf eigene Gefahr.

U Krumme Lanke, von dort etwa 1 km zu Fuß die Fischerhüttenstraße hinauf, kurz bevor die Straße endet, liegt die Badewiese unterhalb vor dem See; zum kleinen Sandstrand von dort etwa 1 km den Uferweg in nordöstliche Richtung einschlagen.

Anfahrt über Fischerhüttenstraße, am Ende der Straße liegt ein kleiner Waldparkplatz; kurz davor zweigt links die Zufahrt zu einem größeren Parkplatz am Ausflugs-Restaurant ›Alte Fischerhütte‹ ab; von den Parkplätzen zu den Badestellen wie unter ›Bus‹ beschrieben.

**Alte Fischerhütte**, Fischerhüttenstraße 136, 14136 Berlin, Telefon 030/ 80498310, www.fischerhuette-berlin.de. Biergarten tgl. ab 9 Uhr, Restaurant 10–23 Uhr.

## 26 Badestellen am Schlachtensee

Kein toller Strand, keine wirklich hübsche Liegewiese – und trotzdem ist der Schlachtensee dank seiner schönen Lage unglaublich beliebt. Ein Wanderweg führt rund um das 42 Hektar große Gewässer, das südlich an den Stadtteil Schlachtensee grenzt und dessen nördlichem Gestade der Grunewald einen Rahmen gibt. Spazierengehen, Joggen, Radeln oder sich im Biergarten der ›Alten Fischerhütte‹ die Sonne auf den Pelz brennen lassen stehen auf dem Ausflugsprogramm. Und Baden natürlich. Neben einigen kleinen Gelegenheiten, vor allem am Nordufer hier und da zwischen den Bäumen ins Wasser zu hüpfen, verfügt der Schlachtensee am Südufer über eine Badestelle quasi mit S-Bahn-Anschluss.

*Von Wald umgeben: der Schlachtensee*

Nur wenige Schritte vom Bahnhof entfernt dehnt sich ein Liegerasen über drei Ebenen relativ steil hinunter zum Uferweg aus. Unten geben die Bäume einen etwa acht Meter langen Wassereinstieg frei. Allerdings ist er mit Stolperfallen versehen: Eine aus Holzpflöcken bestehende Uferbefestigung sowie eine Stufe im Wasser müssen überwunden werden, um schließlich auf leicht glitschigem Seegrund zu stehen. Kurz: Der Schlachtensee taugt nicht zum Planschen, aber dafür umso mehr, um im glasklaren Wasser Bahnen zu ziehen.

Ein Bootsverleih befindet sich wenige Spazierminuten westlich von der Liegewiese am See.

### Badestellen am Schlachtensee

Straße am Schlachtensee/Fischerhüttenstraße, 14136 Berlin.

Baden auf eigene Gefahr.

S Schlachtensee, von dort direkt zum Südufer hinab; das Ostufer mit ›Alter Fischerhütte‹ und das Nordufer sind ab U Krumme Lanke zu erreichen.

Zum Südufer Anfahrt über die Straße am Schlachtensee, dort wenige Parkplätze am Straßenrand; näher zum Nord- und Ostufer ist die Anfahrt über die Fischerhüttenstraße, die zwischen Schlachtensee und Krumme Lanke am Waldrand endet; dort ein kleiner Waldparkplatz, kurz davor geht links die Zufahrt zum großen Parkplatz am Ausflugs-Restaurant ›Alte Fischerhütte‹ ab.

**Alte Fischerhütte**, siehe Krumme Lanke (S. 57).

## Berliner Südosten – rund um Dahme und Müggelspree

Dahme und Müggelspree prägen Berlins grünen Südosten. Auf ihrem Weg zur Altstadt von Köpenick – die Dahme von Süden, die Müggelspree von Osten her – durchfließen sie eine Reihe von Seen, speisen sie oder erweitern sich selbst zu welchen. Im Dämeritzsee zwischen Erkner und Rahnsdorf passiert die Spree, die zwischen dem brandenburgischen Fürstenwalde und der Köpenicker Altstadt den Namen ›Müggelspree‹ trägt, die Berliner Landesgrenze. Nachdem sie das feinmaschige Netz kleiner Kanäle von Neu-Venedig versorgt hat und am Kleinen Müggelsee vorübergezogen ist, strömt sie in den Müggelsee ein, das mit über vier Kilometern Länge und mehr als zweieinhalb Kilometern Breite größte Berliner Gewässer. Es fungiert als das sauberste Trinkwasserreservoir der Hauptstadt. Und seine durchschnittlich nur viereinhalb Meter Tiefe machen den See in der sonnigen Jahreszeit darüber hinaus zu einer der wärmsten Berliner Badewannen. So seicht ist der Müggelsee, dass man besonders an seinen nordnordöstlichen Ufern teils über 200 Meter hinauswaten kann, ohne dass der Wasserspiegel die Badehose berührt. Die nördlichen und nordöstlichen Seeufer bieten auch die schönsten Badegelegenheiten: die Strandbäder in Friedrichshagen und Rahnsdorf und die zahlreichen unbewachten kleinen sandigen Stellen im Uferwald östlich vom Wasserwerk Friedrichshagen. Nicht zu vergessen den kleinen Bruder des großen Sees, den Kleinen Müggelsee, der auch einen wunderbaren Badestrand aufweist.

Von Süden her strömt die Dahme zur Altstadt von Köpenick. Ihren Weg säumen flussaufwärts eine Vielzahl schöner Badegelegenheiten, vom Flussbad Gartenstraße über die Seebäder Wendenschloss und Grünau an der Regattastrecke am Langen See bis hin nach Schmöckwitz ganz unten im südöstlichsten Berliner Winkel, wo Langer See, Große Krampe und Seddinsee zusammenfließen und eine Reihe weiterer herrlicher Badewiesen und Strände an ihren Ufern liegen.

▶ Karte S. 59

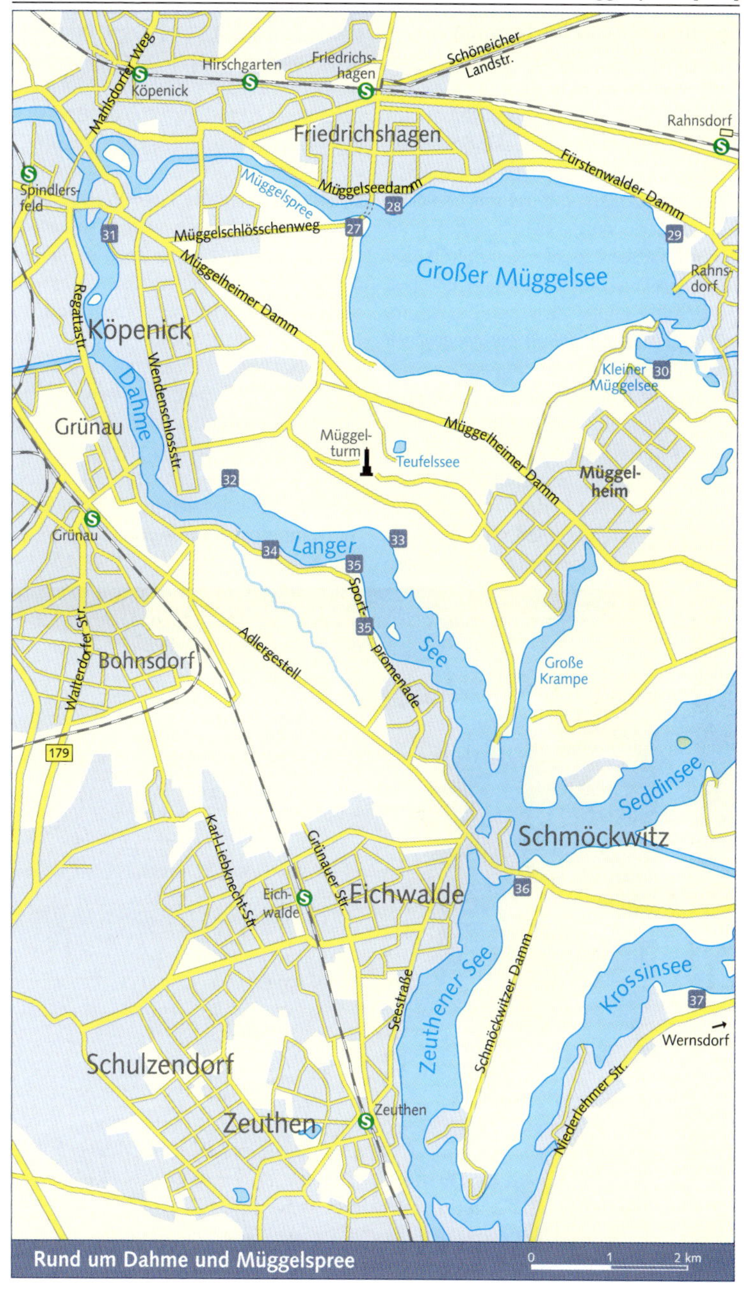

Hirschgarten
Friedrichshagen
Schöneicher Landstr.
Köpenick
Mahlsdorfer Weg
Rahnsdorf
Friedrichshagen
Fürstenwalder Damm
Spindlersfeld
Müggelspree
Müggelseedamm
28
27
29
Müggelschlösschenweg
31
Großer Müggelsee
Rahnsdorf
Müggelheimer Damm
Regattastr.
Köpenick
Wendenschlossstr.
Dahme
Kleiner Müggelsee
30
Grünau
Müggelturm
Teufelssee
Müggelheimer Damm
Müggelheim
32
Grünau
33
34
Langer
35
Sport-
35
promenade
See
Adlergestell
Walterdorfer Str.
Bohnsdorf
Große Krampe
179
Seddinsee
Schmöckwitz
Karl-Liebknecht-Str.
Grünauer Str.
Eichwalde
Eichwalde
36
Schmöckwitzer Damm
Seestraße
Zeuthener See
Krossinsee
37
Wernsdorf
Schulzendorf
Niederlehmer Str.
Zeuthen
Zeuthen
Rund um Dahme und Müggelspree
0
1
2 km

## 27 Flussbadestelle Teppich

Die weitläufige, parkähnliche und im hinteren Bereich von Bäumen beschattete Badewiese liegt unmittelbar am Ausfluss der Müggelspree aus dem Müggelsee. Sie ist von einem breiten Spazierweg durchzogen, mit zahlreichen Sitzbänken am Weg bestückt und geht südlich nahtlos in die Kämmereiheide über. Am Flussufer öffnen sich auf etwa 100 Meter Länge zwischen der baumbestandenen Böschung einige größere und kleinere, leicht abschüssige Wasserzugänge mit Sandstrand und schütteren Grasflecken; die beiden größten nahe der Wasserrettungsstation unweit vom Spreetunnel. In Ufernähe ist die Müggelspree so seicht, dass auch Kinder gefahrlos baden können. Allerdings ist der Badebereich nicht durch Bojen gesichert, und es herrscht reger Bootsverkehr auf der Spree. Zur gegenüberliegenden Seite fällt der Blick auf die dicht bebauten Grundstücke und die Bootsanleger am nördlichen Müggelspreeufer.

### Schrörs Biergarten und Weisse Villa

Direkt am Ausfluss der Müggelspree lädt am nördlichen Müggelseeufer neben dem Spreetunnel ›Schrörs Biergarten‹ zu deftiger Berliner Küche, kühlem Blonden und schöner Aussicht ein.

In der Nachbarschaft bietet die vornehme ›Weisse Villa‹ zur gehobenen deutschen und mediterranen Küche auf zwei Terrassen einen traumhaften Seeblick. Und nur wenige Schritte östlich von ›Schrörs‹ befindet sich der Schiffanleger für Dampferpartien kreuz und quer über den Müggelsee.

*In Schrörs Biergarten*

▲ Karte S. 59

**Flussbadestelle Teppich**

Müggelschlösschenweg, 12559 Berlin.

ASB.

Ab S Friedrichshagen Tram 60 bis ›Josef-Nawrocki-Straße‹, von dort neben ›Schrörs Biergarten‹ durch den Spreetunnel, dann wenige Meter nach Westen laufen; oder Bus 167 bzw. Bus 269 bis Endehaltestelle ›Müggelschlösschen‹, von dort ca. 1 km zu Fuß über den Müggelschlösschenweg in östliche Richtung gehen.

Die Anfahrt mit Pkw ist nur bis zur Busendhaltestelle ›Müggelschlösschenweg‹ möglich, von dort wie unter ›Bus‹ beschrieben.

**Schrörs am Müggelsee**, Josef-Nawrocki-Str. 16, 12587 Berlin, Tel. 030/64095880, www.schroers-online.de. Tgl. ab 11 Uhr.
**Restaurant Weisse Villa**, Josef-Nawrocki-Straße 10, 12587 Berlin, Tel. 030/64095646. Tgl. ab 11 Uhr.

**Stern und Kreis Schifffahrt**, Anlegestelle Friedrichshagen, Fahrplaninfo: Tel. 030/5363600, www.sternundkreis.de.
**Reederei Kutzker**, Anlegestelle Friedrichshagen, Fahrplaninfo: Tel. 03362/6251, www.reederei-kutzker.de.

## 28 Seebad Friedrichshagen

Bereits 1898 wurde das Seebad Friedrichshagen am nördlichen Müggelseeufer eröffnet. Damit gehört es zu den ältesten Bädern Berlins. Es liegt geschützt zwischen bebauten Grundstükken und ist dank seiner anheimelnden Atmosphäre besonders bei Familien beliebt.

Weit öffnet sich die Sicht über den Müggelsee bis zu den Müggelbergen südlich am Horizont. Vor dem Wasser ist ein etwa 80 mal 100 Meter großer Sandstrand mit einer kniehohen Kante eingefasst, und wer nicht darüber hinweg in den See hüpfen mag, kann eine zweistufige Badeleiter oder auch eine kleine Rampe benutzen, um im seichten Wasser zu landen. Links schwebt ein langer, breiter Holzsteg über dem See, den die Liegestühle von Sonnenanbetern füllen. Rechts von Strand und Badebereich greift ein großer Betonsteg in den Müggelsee aus, mit dem Häuschen der Wasserwacht und ganz vorne einem Drei- und Fünf-Meter-Sprungturm obenauf. Der Kinderplanschbereich ist durch eine Leine gesichert, der Schwimmerbereich durch Bojen markiert.

Hinter dem Sandstrand schließt sich unter hohen Kastanien ein gepflegter grüner Liegerasen an und daran Volleyballfeld, Tischtennisplatte und einige Picknicktische. Eis, Cola und andere Erfrischungen, Pommes und Würstchen gibt's in der urig mit altem Trödel ausgestatteten Freiluftgaststube. Außerdem lassen sich dort die vielen Vereinspokale der ›Turngemeinde in Berlin 1848‹ bewundern, die das Seebad betreibt.

*Weiter Blick über den Müggelsee im Seebad Friedrichshagen*

## Seebad Friedrichshagen

Müggelseedamm 214, Köpenick-Friedrichshagen, Tel. 030/6455756, www.tib1848ev.de. Tgl. 9–20 Uhr, Ew. 3 Euro, ermäßigt 2.50 Euro, Kinder 2 Euro.

DLRG.

Ab S Friedrichshagen Tram 60 bis ›Bruno-Wille-Straße‹, von dort wenige Meter zu Fuß.

Anfahrt über den Müggelseedamm oder die Bölschestraße, begrenzte Parkmöglichkeiten am Straßenrand.

▶ Karte S. 59

## Warum die Müggelspree manchmal rückwärts fließt

Um mehr als zwei Grad Celsius erhöhte sich die Wassertemperatur im Müggelsee in den vergangenen 30 Jahren, und immer weniger Wasser bringt die Müggelspree nach Berlin. Daher wird der Müggelsee mehr und mehr zu einem stehenden Gewässer, zur leibhaftigen ›Berliner Badewanne‹.

Dafür verantwortlich zeichnet neben dem globalen Klimawandel die Renaturierung des Niederlausitzer Braunkohletagebaus am Spree-Oberlauf. Rund um Cottbus werden riesige Tagebaulöcher geflutet – bis 2020 wird dort eine grandiose Seenlandschaft entstehen –, und dieses Wasser steht flussabwärts, Richtung Berlin, nicht mehr zur Verfügung. So fließen in besonders heißen und trockenen Sommern statt 8 Kubikmetern Spreewasser pro Sekunde gelegentlich nur noch 2,5 Kubikmeter durch den Müggelsee in die Berliner Innenstadt.

Unterwegs in die Stadtmitte nimmt die Spree gereinigte Abwasser aus den Klärwerken auf und stößt im Zentrum schließlich auf die Mühlendammschleuse, die dort bereits seit dem Mittelalter die Wasserstände flussaufwärts bestimmt. Übersteigt nun die eingeleitete Berliner Abwassermenge das stetig abnehmende Spreewasser aus dem Flussoberlauf – bei weiterhin gleichbleibender Trinkwassergewinnung aus Müggelspree und Müggelsee –, kommt es in besonders trockenen Sommern dazu, dass der Wasserberg in der Innenstadt die Zufuhr an Flusswasser vom Müggelsee aus übersteigt und die Spree auf diesem Abschnitt dann gelegentlich rückwärts fließt.

*Auf der Müggelspree*

## 29 Strandbad Müggelsee

Das Strandbad Müggelsee ist riesig – in jeder Hinsicht. Beinahe 12 Hektar umfasst die Berliner ›Volksbadewanne‹ bei Rahnsdorf am nordöstlichen Müggelseeufer; und ebenso wie sein Pendant an der Havel, das Strandbad Wannsee, gilt es als wegweisend in der Geschichte der modernen Architektur. Nachdem ein 1912 eröffneter Vorgängerbau abgebrannt war, entstand 1929/30 nach einem Entwurf Martin Wagners – die Britzer Hufeisensiedlung, die Wagner zusammen mit Bruno Traut schuf, ist seit 2008 Weltkulturerbe – das kurvenförmige zweigeschossige Servicegebäude im Stil Neuer Sachlichkeit. Von seiner großen Terrasse gleich hinter dem Eingangsbereich kann man sich einen ersten Überblick über das Gelände verschaffen.

Eine Freitreppe führt von dort zum Seeufer mit einem ebenso breiten wie enorm langen Strand hinunter. Zum Wasser hin ist der feine helle Sand durch eine bröckelnde Betonuferkante eingefasst, über die hinweg es mit einem Schritt wadentief in den See hineingeht. Der durch Bojen begrenzte Badebereich endet in etwa 200 Meter Entfernung, und da hat der Wasserspiegel gerade mal Bauchnabelhöhe erreicht. Rechts schließt sich an den Strand eine nicht weniger große Liegewiese an, wo Bäume endlich auch Schatten bieten; und auf diese folgt ein weitläufiger FKK-Bereich, den man von der Straße auch über einen Extra-Eingang erreichen kann.

Zu ebener Erde sind im Service-Rondell Umkleiden, WC, Duschen, Imbiss und ein Strandbasar untergebracht, wo man von Luftmatratze über Sonnenöl bis zu Eimer und Schaufelchen alle wichtigen Necessaires rund ums Badevergnügen kaufen kann. Östlich davon ist ein Schnellrestaurant in den Hang gebaut. Es werden Sonnenschirme, Windschutze, Schwimmautoreifen und Planschgummitiere verliehen, außerdem gibt es Platz für ein Basketball- und ein Volleyballfeld.

### Der Borkenstrand

In unmittelbarer östlicher Nachbarschaft und vom Strandbad auf direktem Weg

*Im Strandbad Müggelsee*

Karte S. 59

zugänglich, bietet der ›Borkenstrand‹ im Besitz einer Wassersportfirma einen gepflegten kleinem Liegerasen, über eine hohe Uferkante hinweg Badezugang, eine coole Strandbar mit Lounge-Musik und neben der Surf- und Segelschule außerdem einen Bootsverleih (Kanus, Ruder- und Tretboote).

**Strandbad Müggelsee**

Fürstenwalder Damm 838, 12589 Berlin, Tel. 030/6487777. Tgl. 9-20 Uhr, bei schönem Wetter Fr/Sa bis 21.30 Uhr; Eintritt frei.

Baden auf eigene Gefahr.

Ab S Adlershof/S Spindlersfeld Tram 61 bis ›Strandbad Müggelsee‹.

Anfahrt über Müggelseedamm/Fürstenwalder Damm bzw. Fürstenwalder Allee Richtung Rahnsdorf; mehrere große Parkplätze nahe Strandbad (ausgeschildert), bei strahlendem Badewetter sind sie normalerweise spätestens ab 11 Uhr zugeparkt; darüber hinaus keine Parkmöglichkeit.

Borkenstrand mit Bootsverleih, **WasserSport-Berlin Müggelsee**, Fürstenwalder Damm 838, 12589 Berlin, Tel. 030/6481580, www.wassersport-berlin.de. Tgl. ab 10 Uhr.

## 30 Badestrand Kleiner Müggelsee

Zauberhaft von duftender Kiefernheide umrahmt, zählt der große Sonnensandstrand am Kleinen Müggelsee für viele zu den schönsten Stränden Berlins. In einer Art Amphitheater fallen über 10000 Quadratmeter weißer Sand zum Wasser hin ab, wobei oben die Kiefern die Ränge und unten der See die Bühne ausbilden. Auf beinahe 100 Meter Länge geht es vom Strand auf weichem Sandboden übergangslos ins Wasser hinein, danach nimmt eine grün bewaldete Böschung wieder das Ufer ein.

Oben am Hang geht der Strand nahtlos in Wald über, so dass man je nach Geschmack entweder im Sand oder, mit herrlicher Sicht auf den See, im Schatten der Kiefern auf weichem Waldboden liegen kann. Der See ist anfangs sehr flach, wird dann aber rasch tiefer. Tonnen markieren das Ende des Schwimmerbereichs, einen extra gesicherten Planschbereich gibt es nicht.

### Neu-Helgoland und Umgebung

Bereits seit 1897 gibt es das Ausflugslokal ›Neu-Helgoland‹ kurz vor dem Kleinen Müggelsee am Ufer der Müggelspree. Das traditionsreiche Haus ging Anfang 2002 durch die Tat eines unbekannten Brandstifters in Flammen auf und wurde bis fast auf die Grundmauern zerstört. Danach krempelten viele Menschen die Ärmel hoch und halfen mit, das Ausflugslokal in Anlehnung an das Original wieder aufzubauen. ›Neu-Helgoland‹ konnte in der Silvesternacht von 2002 auf 2003 wieder eröffnen und bietet seitdem, so wie gewohnt, im Restaurant, im großen Garten und auf der Terrasse direkt an der Müggelspree gepflegte

Speisen von Fisch, Fleisch, Wild und Geflügel sowie Eis und leckeren Kuchen an.

Nebenan legen an der Schiffhaltestelle ›Neu-Helgoland‹ neben der BVG-Fähre auch die Ausflugsdampfer der Reederei Kutzker an. Im Sommerhalbjahr fahren sie im regulären Linienbetrieb ab Altstadt Köpenick über den Müggelsee, die Müggelspree und den Dämeritzsee bis nach Grünheide zum Werlsee und bieten damit eine schöne Alternative zu Bus und S-Bahn an.

Auf halbem Weg von ›Neu-Helgoland‹ zum Badestrand am Kleinen Müggelsee, serviert die Gaststätte ›Café L & B‹ mit netter Speiseterrasse zum See gutbürgerlich zubereitete Fischgerichte, Braten und Grillteller.

*Badestrand Kleiner Müggelsee*

## Badestrand Kleiner Müggelsee

Am Südufer des Kleinen Müggelsees, 12259 Köpenick (Müggelheim).

ASB.

Ab S Köpenick Bus X69 bis Endstation ›Oderheimer Straße‹, von dort ca. 600 Meter über die schmale Straße Richtung Hotel-Restaurant ›Neu-Helgoland‹; alternativ die Fährlinie F 23 ab Rahnsdorf ›Müggelwerderweg‹ bis Anlegestelle ›Neu-Helgoland‹ (im Sommer täglich außer Mo einmal die Stunde); von Neu-Helgoland links über den Waldparkplatz dem zunächst asphaltierten, dann sandigen Waldweg noch etwa 400 Meter zum Badestrand folgen.

Anfahrt über den Müggelheimer Damm nach Müggelheim, im Ortszentrum in die Oderheimer Straße einbiegen, diese bis zum Hotel-Restaurant ›Neu-Helgoland‹ durchfahren, links ein großer Waldparkplatz, von dort wie unter ›Bus‹ beschrieben.

**Hotel-Restaurant Neu-Helgoland**, Neuhelgoländerweg 1, 12559 Berlin, Tel. 030/659 82 47, www.neu-helgoland.de. Tgl. ab 10 Uhr.

**Café L & B**, Neuhelgoländerweg 7, 12559 Berlin, Tel. 030/659 82 24. Tgl. ab 11 Uhr.

**Reederei Kutzker**, Anlegestelle Friedrichshagen, Fahrplaninfo: Telefon 033 62/62 51, www.reederei-kutzker.de.

► Karte S. 59

*Flussbad Gartenstraße*



## 31 Flussbad Gartenstraße

Das kleine Flussbad liegt südlich der Altstadt Köpenick in der Gartenstraße hinter einer langen Steinmauer verborgen. Mit seinem Geburtsjahr 1897 ist es das älteste erhaltende Flussbad Berlins; und dass es bis heute noch existiert, ist dem 1992 gegründeten Verein ›Der Coepenicker‹ zu verdanken, der es in liebevoller Detailarbeit wieder instandsetzte und behutsam modernisierte. So blieb die anheimelnde Atmosphäre erhalten, die das Gelände mit seinen hübschen historischen Backsteingebäuden prägt. Im Schutz der U-förmig gruppierten Gemäuer, die heute ein Jugendhotel, Seminar- und Ausbildungszentrum beherbergen, erstreckt sich puderzuckerfeiner weißer Sand. Links und rechts rahmen neben dem Schilf Holzstege den etwa 50 Meter langen weidengeschmückten kleinen Strand, weiter vorn im Flusswasser werden sie von einem vertikal verlaufenden Steg abgeschlossen, so dass die Steganlage gleichermaßen als Bootsanleger wie auch als Begrenzung des Nichtschwimmer- und Schwimmerbereichs dient.

Es werden Kanus und Sonnenschirme verliehen, und das Restaurant ›Krokodil‹ serviert innen und auf der hölzernen Außenterrasse leichte deutsche und internationale Gerichte.

**Flussbad Gartenstraße**

**i**

Gartenstraße 42–50, 12557 Berlin, Tel. 030/65880094, www.der-coepenicker.de. Bad tgl. ab 13 Uhr, Ew. 3 Euro, Kinder 2 Euro.

Anfahrt über Müggelheimer Straße/Kietz bzw. Wendenschloßstraße/Gartenstraße. Nur wenige Parkplätze!

Ab S Köpenick Tram 62 oder Bus 164 bis Schloßplatz, ab S Spindlersfeld Tram 60 und 61 oder Bus 167 bis Schlossplatz; am Schlossplatz die Müggelheimer Straße queren und ihr knapp 300 m in östliche Richtung folgen, bis rechter Hand die Straße Kietz abgeht. Über den Kietz weitere etwa 400 m in südliche Richtung.

**Restaurant Krokodil** im Flussbad, tgl. ab 16 Uhr (So Brunch ab 11 Uhr).

## 32 Seebad Wendenschloss

Das vom Stadtforst umrahmte Strandbad blickt auf eine nun bald 100-jährige Geschichte zurück. 1914 eröffnete es am Ufer des Langen Sees, und bis heute nimmt es bei Familien und Kindern einen Spitzenplatz auf der Beliebtheitsskala der Berliner Strandbäder ein. Allerdings zeigt es sich nicht mehr im historischen Antlitz, da die alte Badeanstalt im Zweiten Weltkrieg von einer Bombe getroffen wurde. Ebenso wurde der natürliche Übergang zwischen Wasser und Sand mit einer Betonkante eingefasst – ein typisches Phänomen in den Seebädern der östlichen Berliner Stadthälfte, das zu DDR-Zeiten rund um die Weltjugendspiele 1973 erstmals Gestalt annahm.

Von der Betonbalustrade gleitet man entweder sitzend ins dann oberschenkelhohe Wasser hinein, oder man steigt zwei, drei Stufen über Badeleitern hinab. An Holzpflöcken befestigte Leinen trennen den Kinderplanschbereich ab. Weiter draußen markieren Bojen das Ende des Schwimmerbereichs vor der Regattastrecke, auf der die Ruderboote trainieren. Hinter der Uferkante erstreckt sich auf gut 120 Metern Länge ein mit Strandkörben und Sonnenliegen geschmückter Sandstrand. Er ist zwischen 30 und 40 Meter breit und endet an einem Steinmäuerchen, an dem ein Terrassenbereich mit anschließender kleiner Rasenliegefläche beginnt. Ein Beachvolleyballfeld, Tischtennis und ein Kinderspielplatz finden ebenfalls Platz auf dem beinahe 7000 Quadratmeter großen Gelände, auf dem am Waldsaum sogar eine Zeltmöglichkeit zur Verfügung steht.

▸ Karte S. 59

Die Gaststätte ›Seeblick‹ serviert Hausmannskost und lädt immer samstags zum Grillabend ein. Für Limonade, Würstchen und Eis ist darüber hinaus ein kleiner Imbiss zuständig.

### Regattastrecke und Wassersportmuseum Grünau

Kurz bevor die Dahme an ihrer engsten Stelle eine 90-Grad-Volte in Richtung Altstadt Köpenick schlägt, beginnt die traditionsreiche Berliner Regattastrecke. Mit ihrem Geburtstag im Sommer 1880, als auf dem Langen See der erste Ruderwettbewerb stattfand, blickt sie auf eine inzwischen bald 130-jährige Geschichte zurück. Damit ist die Regattastrecke die älteste noch in Betrieb befindliche Wettkampfstätte Berlins.

Drei Jahre nach ihrer Eröffnung stiftete Kaiser Wilhelm I. persönlich einen Wanderpokal und verlieh der Ruderstrecke damit eine herausragende Bedeutung. Noch im selben Jahr entstand am Grünauer Ufer für über 1200 Zuschauer eine ungedeckte Tribüne. Zwei Jahre darauf wurde die erste feste Tribüne eingeweiht, und sechs Mal fanden danach bis zum

*Seebad Wendenschloss*

Ausbruch des Ersten Weltkriegs auf dem Langen See die Deutschlandmeisterschaften im Rudern statt.
1926/27 begradigte man die Wassersportstrecke, so dass sie die Mitglieder des Olympischen Komitees, die sie 1930 in Augenschein nahmen, für Olympische Wettkämpfe für geeignet befanden. 1935, im Jahr vor der Olympiade, wurden zunächst die Europameisterschaften im Rudern ausgetragen. 1936 folgten dann mit großem Propagandaspektakel der Nationalsozialisten die Kanu- und Ruderwettbewerbe im Rahmen der Olympischen Sommerspiele.
Zu DDR-Zeiten wurden auf dem 2000 Meter langen Wasserparcours zwischen 1960 und 1990 insgesamt 16 DDR-Meisterschaften, zwei Europameisterschaften und 1966 sogar eine Weltmeisterschaft zur Entscheidung gebracht. Heute entsprechen die sechs Ruderbahnen bzw. neun Bahnen bei Kanurennen nicht mehr dem Standard für internationale Wettbewerbe. Nichtsdestotrotz werden auf der Grünauer Regattastrekke auch weiterhin Ruder- und Kanuwettkämpfe ausgetragen, und darüber hinaus fungiert sie als Trainingsstrecke.
Die Geschichte des Wassersports nicht nur auf dem Langen See, sondern im gesamten Raum Berlin-Brandenburg ist im Grünauer Wassersportmuseum bei der Regattatribüne dokumentiert.

### Seebad Wendenschloss

Möllhausenufer 30, 12557 Berlin, Tel. 030/6517171, www.seebad-wendenschloss.de. Tgl. ab 9 Uhr, mit open end; Ew. 2.50 Euro, Kinder ab 12 Jahre 1 Euro, Kinder bis 12 Jahre 0.50 Euro.

Bademeister und Erste Hilfe.

Ab S Köpenick Tram 62 bis Endstation ›Wendenschloss‹, dann zu Fuß 400 m südwärts über die Wendenschlossstraße, bis sie auf das Möllhausenufer stößt, diesem folgen (ca. 600 m, die Straße endet als Sackgasse, ein Sandweg führt weiter), bis man zum Strandbad gelangt.

Anfahrt über Wendenschlossstraße/Möllhausenufer, eingeschränkte Parkmöglichkeiten am Straßenrand.

**Stadtmuseum Berlin/Grünauer Wassersportmuseum**, Regattastraße 191, 12527 Berlin, Tel. 030/6744002, www.stadtmuseum.de. Sa 14–16.30 Uhr.

## 33 Badewiese unterhalb vom Müggelturm

Klein aber fein öffnet sich die idyllische Badewiese unterhalb vom Müggelturm an der Biegung der Dahme. Im lichten Kiefernwald der Bürgerheide dehnt sie sich auf ungefähr 600 Meter Breite aus, vorne von einem schmalen sandigen Halbmond geziert, der sanft in das schilfumgürtete seichte Wasser führt. Wahlweise kann man im Sonnenschein auf der Wiese liegen oder auf weichem Waldboden unter dem Schirm hoher Kiefern und Laubbäume Schatten finden. Drei altersschwache Bänke, über das Gelände verstreut, bilden das einzi-

▲ Karte S. 59

*Müggelberge und Müggelturm im Herbst*



ge Meublement. Der Blick geht rechts auf die Grünauer Regattastrecke, geradeaus gegenüber auf die Badestelle an der Bammelecke und verliert sich links schließlich im grünen Ufersaum.

Die besonders bei FKKlern beliebte Badewiese ist nur zu Fuß oder mit dem Rad zu erreichen, oder - auch dies eine hübsche Möglichkeit - vom Grünauer Ufer mit dem Boot.

### Müggelberge und Teufelssee

Zwischen Müggelsee und Langem See bilden die 117 Meter hohen Müggelberge den topografischen Höhepunkt in Berlin. Auf ihrem ›Gipfel‹ geht es im Müggelturm über 126 Stufen noch einmal weitere 30 Meter hinauf, und oben angelangt eröffnet sich eine wahrlich atemberaubende Aussicht. Ganz Berlin liegt einem zu Füßen. Der Turm wurde 1961 anstelle eines drei Jahre davor abgebrannten Vorgängers errichtet. Das benachbarte Ausflugslokal soll restauriert und in naher Zukunft wieder eröffnet werden. Bis es soweit ist, sorgt der Imbiss am Müggelturm für die Wegzehrung.

Unterhalb vom Müggelturm blitzt im Wald als kreisrundes Wasserauge der Teufelssee auf. Ein drei Kilometer langer Naturlehrpfad mit Infotafeln zur heimischen Fauna und Flora führt teils auf Knüppeldämmen und Holzstegen um ihn herum und weiter zum nahen Lehrkabinett/Waldschule. Dort können kleine wie große Besucher anhand von Schautafeln, Dioramen und vielen Dingen zum Anschauen und Anfassen Wissenswertes über die heimische Natur erfahren.

## Ein Schloss im Teufelssee

Zahlreiche fantastische Sagen ranken sich um den Teufelssee, den kleinsten der zahlreichen Seen im Bezirk Köpenick, den die Wissenschaft schlicht einen Toteissee nennt. Die wohl bekannteste Sage fällt in die Zeit der Eroberung der Mark Brandenburg durch Albrecht den Bär Mitte des 12. Jahrhunderts. Wie die Sage vom Schildhorn westlich am Havelstrand berichtet auch die vom Teufelssee vom Kampf Albrechts, Markgraf von Brandenburg, gegen den Wendenfürst Jaczo de Copnic, auch Jacza oder Jaxa genannt, der auf der Burg Köpenick ansässig war.

Um die Schicksalsmächte im Kampf gegen den Bären gnädig zu stimmen, heißt es, rieten die Weisen ihrem wendischen Fürst, den Göttern sein Liebstes zum Opfer zu bringen. Daraufhin errichtete Jaczo ein Schloss auf den Müggelbergen und ließ seine geliebte Gemahlin Wanda darin einmauern. Geholfen hat es jedoch nicht viel. Die Wenden verloren den Krieg, die Erde bebte, ein Schlund tat sich auf, und das Schloss versank mitsamt Frau Wanda im Teufelssee. Seitdem sitzt die arme Fürstin auf dem Grunde des Sees und wartet darauf, dass sie jemand erlöst.

Eine andere Sage erzählt, bei der Prinzessin im See handele es sich um die ebenso schöne wie stolze Tochter des böhmischen Königs Ottokar. Weil sie sämtliche Heiratskandidaten abwies, verschwand sie zur Strafe für ihren Hochmut samt Schloss im Teufelssee und steigt seither einmal im Jahr zur Johannisnacht auf, um sich frische Seerosen für ihr Kleid zu pflücken.

Dritte wiederum berichten, dass die irrlichternden Erscheinungen, die manchmal unter der Wasseroberfläche im Teufelssee aufblitzen, in Wahrheit der Kerzenschimmer vom Altar des Leibhaftigen seien, der tief unten in dem kleinen vermoorten Toteisgewässer im Schatten der Müggelberge sein teuflisches Unwesen treibt.

*Sagenumwoben: der Teufelssee*

**Badewiese unterhalb vom Müggelturm**

Köpenicker Bürgerheide/Langer See, 12559 Berlin.

Baden auf eigene Gefahr.

Ab S Köpenick Bus X69 bis ›Rübezahl‹, den Weg Richtung Teufelssee einschlagen, von dort den Waldweg südlich zum Müggelturm nehmen, dort die Treppen den Hang hinab, geradeaus weiter am Parkplatz vorbei bis zum Seeufer laufen, dort links (östlich) in den Uferweg einbiegen, noch etwa 400 m zur Badewiese (insgesamt ca. 2 km zu Fuß).

Anfahrt über Müggelheimer Damm, in die Straße zum Müggelturm einbiegen, dieser bis zum Waldwegekreuz folgen, dort weiter geradeaus (links hinauf geht's zum Müggelturm), an der nächsten Wegscheide rechts (dort geradeaus geht's zum Wasserwerk), kurz vor dem Seeufer an der ehemaligen Marienlust ist ein relativ großer Parkplatz, von dort wie unter ›Bus‹ beschrieben.

**Müggelturm und Imbiss am Müggelturm**, Straße zum Müggelturm 1, 12559 Berlin, Tel. 0173/6022364. Tgl. 10–17 Uhr.

**Lehrkabinett und Waldschule Teufelssee**, Müggelheimer Damm 144, 12559 Berlin, Tel. 030/6541371, www.am-mueggelsee.de/teufelssee.htm. Mi–Fr und So 10–16 Uhr.

## 34 Strandbad Grünau

Im Jahr 2008 feierte das nach dem Wannseebad zweitälteste Berliner Strandbad seinen hundertjährigen Geburtstag. Als berlinweit erstes Familienbad steht das Ende August 1908 eingeweihte Grünauer Strandbad sogar noch vor dem Wannseebad an erster Stelle. Denn als am Wannseestrand noch provisorische Bretterverschläge standen und aus Sittsamkeitsgründen Männer und Frauen getrennt baden mussten, durften die Grünauer am Langen See bereits feste Umkleidekabinen ihr eigen nennen und mit Kind und Kegel gemeinsam ins Wasser eintauchen. Das moderne Gebäude, so wie es heute am Eingang des über 20000 Quadratmeter großen Geländes steht, stammt aus der Mitte der 1970er Jahre. Dort sind Duschen, WC, Umkleiden und außerdem eine Sauna untergebracht, die auch im Winter geöffnet hat.

Eine riesige Fläche aus feinstem Sand, zwischen 50 und 60 Meter breit und gut 150 Meter lang, reicht bis zur befestigten Uferkante, über die es ins knapp einen halben Meter tiefe Seewasser geht. Der Schwimmerbereich ist vor der Regattastrecke mit Tonnen markiert, und gegenüber fällt der Blick auf das Badegetümmel im Strandbad Wendenschloss am nördlichen Seeufer.

Links schließen sich an den Sandstrand ein Volleyballfeld und ein schmales Stück Liegewiese an sowie im Hintergrund, in die Bäume geschmiegt, der Imbiss ›Strandcafé Grünau‹ mit kleiner

*Strandbad Grünau*

Freiluftterrasse. Ein Teil der Wiese im rechten Strandbadbereich ist für FKK reserviert.

Das Bad verfügt über behindertengerechte Sanitäranlagen, und eine rollstuhltaugliche schmale Betonbahn führt über den Sand. Es werden Strandkörbe, Schwimmliegen sowie Spiel- und Sportgeräte verliehen.

## Bootshaus Sportdenkmal

Direkt neben dem Strandbad verleiht das Bootshaus ›Sportdenkmal‹ Kajaks, Ruder- und Motorboote. Der Name erinnert an das 1897 zu Ehren von Kaiser Wilhelm I. genau an der 1000-Meter-Marke der Regattastrecke erbaute Sportdenkmal – imposante 15 Meter hoch und dem Völkerschlachtdenkmal in Leipzig nachempfunden –, das zu DDR-Zeiten 1973 abgerissen wurde. Dem Bootsverleih ist ein kleines Gartenlokal mit Imbissangebot angeschlossen. Leider besteht kein Zugang vom Strandbad aus, man muss es verlassen und über die Straße zum Bootsverleih gehen.

### Strandbad Grünau

Sportpromenade 9, 12527 Berlin, Tel. 030/6743576. Tgl. 10–19 Uhr, Erw. 3 Euro, erm. 2 Euro, Kinder unter 6 Jahre frei, ab 17 Uhr alle 1.50 Euro.

Bademeister, Rettungsschwimmer.

Ab S Grünau Tram 68 bis ›Strandbad Grünau‹.

▸ Karte S. 59

Anfahrt über Regattastraße und Sportpromenade bis Strandbad Grünau. Parkmöglichkeiten vor dem Strandbad am Seitenstreifen sowie wenige Meter weiter südlich am Ende der Straße auf einem kleinen Parkplatz.

**Bootshaus Sportdenkmal**, Sportpromenade 5, 12527 Berlin, Telefon 030/6747294. Tgl. ab 9 Uhr.

## 35 Badestellen an der Bammelecke

Der Name ›Bammelecke‹ am Ende der Regattastrecke stammt aus den Pioniertagen des Rudersports. Auf Höhe der Landnase östlich vom Strandbad Grünau befand sich einst der Startpunkt für die Ruderwettkämpfe, und bevor endlich der Startschuss knallte, hatte mancher, früher wie wohl auch heute noch, ordentlich Bammel.

Im Schutz des kleinen Landvorspungs schmiegt sich vor dem DLRG-Haus ein schmaler Sandstreifen mit rund 20 Meter Wasserzugang in die Bucht. Tonnen grenzen den Badebereich von der Schifffahrrinne ab. Einen extra für die Kleinen gesicherten Planschbereich gibt es nicht, gleichwohl ist die Badestelle bei Familien mit kleinen Kindern beliebt. Denn das Wasser ist in Ufernähe sehr flach, und auch zu Land ist der Platz überschaubar. Hinter der Uferböschung wächst etwas Wiese, wo man unter Bäumen im Schatten ausspannen kann. Links ein bisschen Schilf, rechts ein Bootssteg und eine schöne Sicht auf Müggelberge und Müggelturm am anderen Seeufer komplettieren die Badestelle.

Schon auf dem Weg dorthin, sobald man von der Sportpromenade nördlich in den Sandweg eingebogen ist und der Lange See bereits durch die Bäume schimmert, finden sich am Uferwaldstreifen zahlreiche kleine Badegelegenheiten. Ebenso lassen sich auf dem Weg von der Bammelecke in südliche Richtung eine Reihe lauschige Liege- und Badestellchen entdecken. Keine fünf Minuten später ist dann der FKK-Strand erreicht. 30 Meter lang und 15 Meter breit dehnt sich der Sand zum Wasser hin aus. Mit den Bäumen vom Stadtforst im Rücken kann man wahlweise schattig oder sonnenbestrahlt liegen. Überwiegend erwachsenes Publikum genießt hier den Blick links auf die Müggelberge und rechts auf die große Wasserfläche am Zusammenfluss von Großer Krampe und Langem See.

*Die Bammelecke mit Blick auf die Müggelberge*

**Badestellen an der Bammelecke**

Sportpromenade 13, 12527 Berlin.

DLRG.

Ab S Grünau Tram 68 bis ›Strandbad Grünau‹, von dort der Straße etwa 700 m ostwärts folgen, dann links in den Waldweg einbiegen. Der Lange See schimmert bereits durch die Bäume, weitere 400 m Fußweg führen zur Wasserrettungsstation.

Direkt zur FKK-Badestelle ist es näher, mit der Tram eine Station weiterzufahren bis ›Richtershorn‹. Von dort den Weg über die Sportpromenade nach Norden einschlagen, nach ca. 700 m in den Sandweg einbiegen, vorne liegt bereits sichtbar die Badestelle.

Von Norden her über die Sportpromenade bis Strandbad Grünau, kurz bevor die Straße zum Fußgängerweg wird, gibt es ein kleinen Parkplatz; von Süden her über die Sportpromenade bis Richtershorn, dort den Wagen parken und weiter zu Fuß wie unter ›Bus‹ beschrieben.

## 36 Badestrand Schmöckwitz

Von der Schmöckwitzer Brücke erblickt man Wasser in alle Himmelsrichtungen. Langer See, Große Krampe und Seddinsee fließen hier zusammen, um sich gemeinsam durch das Nadelör hindurchzuzwängen, das die Schmöckwitzer Brücke überwölbt.

Von der Brücke ist auch der Badestrand bereits gut zu sehen. Er liegt nur wenige Schritte entfernt an der Dahme. Zur Freude der Kinder dient gleich vor dem Strand das Imbiss-Café ›Zur Oase‹ als Eis-, Würstchen- und Burger-Station, gefolgt von einem weitläufigen, außerordentlich schönen Waldspielplatz. Ein riesiges hölzernes Spielschiff, ein Rutschturm, ein Pferdewagen und sogar eine hölzerne Dampflok mit Anhänger wurden von Mitarbeitern der Berliner Forstämter 2005 liebevoll in den Sand gebaut. Daran schließen sich knapp 4000 Quadratmeter Sonnenbadevergnügen an. Von Kiefernheide umrahmt, führt die ausgedehnte Sandfläche leicht abschüssig zum Ufer. Reichlich 120 Meter lang ist der sanfte Badeeinstieg, nach etwa 8 Metern steht man hüfthoch im Wasser, kurz danach zeigen Tonnen bereits die Schifffahrrinne an.

Es herrscht reger Bootsverkehr unter der Brücke hindurch zwischen den Seen – die Wasserwacht südlich vom Badestrand hat das Schiffgetümmel im Blick

*An der Schmöckwitzer Brücke*

▶ Karte S. 59

–, und auch zu Land ist an heißen Sommertagen tüchtig Betrieb. Von der mageren Wiese links und rechts mit ein paar Bäumen und einer riesigen Eiche zum Schattenliegen bleibt dann nicht mehr viel übrig, die Sonne strahlt erbarmungslos auf die dürren Grashälmchen nieder. Ein Wermutstropfen: Wie so oft bei unbewirtschafteten Badestellen, die meist nur wenige Müllkörbe bieten, lassen die Gäste ihren Abfall leider allzu oft einfach im Sand liegen.

**Badestrand Schmöckwitz**

Wernsdorfer Straße nahe Schmöckwitzer Brücke, 12527 Berlin.

ASB.

Ab S Köpenick Tram 68 bis Endstation ›Alt Schmöckwitz‹, von dort östlich über die Wernsdorfer Straße zur Schmöckwitzer Brücke, direkt nach der Brücke südwärts in die Sandpiste einschwenken (insgesamt ca. 500 m zu Fuß).

Anfahrt über Adlergestell bzw. Wernsdorfer Straße, direkt nach der Schmöckwitzer Brücke (Ostufer) südlich in die Sandpiste einbiegen, nach wenigen Metern am Imbiss ›Zur Oase‹ ein kleiner Waldparkplatz.

## 37 Badewiese ›Am Gräbchen‹ am Krossinsee

Die Brandenburger mögen verzeihen, dass Wernsdorf jenseits der Berliner Stadtgrenze noch zu diesem Kapitel geschlagen wird. Doch trennen es keine zwei Kilometer von der Grenze zu Berlin.

Die saftige grüne Badewiese im Schutz einer seichten Bucht, die der Krossinsee hier ausbildet, bietet eine herrliche Alternative für alle, die nicht im Sand liegen mögen. Hecken und Buschreihen schirmen die insgesamt rund 4000 Quadratmeter große Fläche zur Straße hin ab, Laubbaumgruppen unterteilen die Wiese. Zwischen einer verkrauteten niederen Uferböschung führen größere und kleinere sandige Badeeinstiege ins flache Wasser hinein. Auf weichem Sandboden watet man gute 20 Meter hinaus, bevor das kühle Nass die Badehose erreicht.

**Badewiese am Gräbchen**

Niederlehmer Chaussee (am südlichen Ortsausgang Richtung Königs Wusterhausen), 15537 Königs Wusterhausen/OT Wernsdorf.

In Wernsdorf-Ortszentrum südlich in die Niederlehmer Chaussee via Königs Wusterhausen einbiegen, nach etwa einem Kilometer liegt die Badewiese neben der Straße am See; gegenüber ein großer Waldparkplatz, außerdem ist Parken auf den Seitenstreifen am Straßenrand möglich.

Ab S Königs Wusterhausen Bus 733 bis Wernsdorf ›Waldeck‹.

Brandenburg ist das gewässerreichste Bundesland Deutschlands. Um Berlin herum gibt es eine Fülle an Seen und Bademöglichkeiten, die sich nicht nur mit dem Auto, sondern auch mit Bus und Bahn oder dem Fahrrad schnell erreichen lassen – ideal für einen Badeausflug ins Grüne.

# Badeseen um Berlin herum

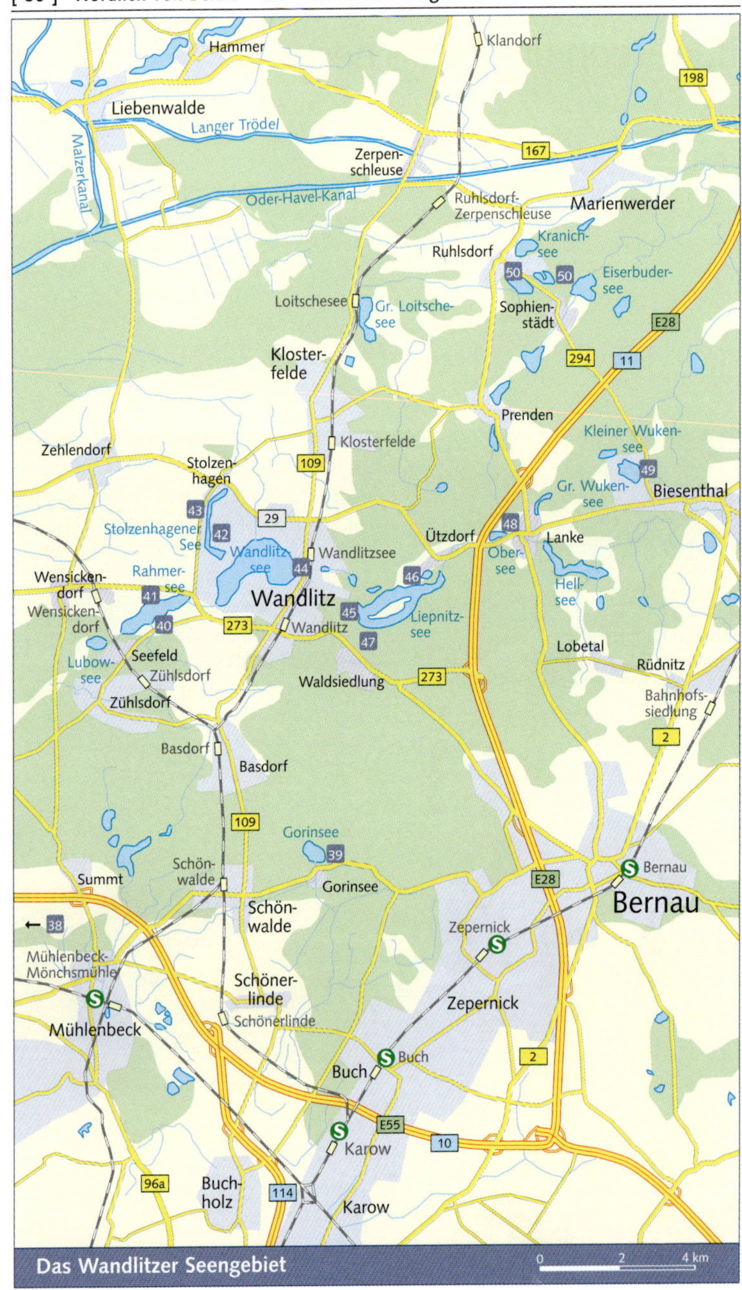
Hammer
Klandorf
198
Liebenwalde
Langer Trödel
Malzerkanal
167
Zerpen-
schleuse
Oder-Havel-Kanal
Ruhlsdorf-
Zerpenschleuse
Marienwerder
Kranich-
see
Ruhlsdorf
50
50
Eiserbuder-
see
Loitschesee
Gr. Loitsche-
see
Sophien-
städt
E28
294
11
Kloster-
felde
Prenden
Kleiner Wuken-
see
Klosterfelde
Zehlendorf
Stolzen-
hagen
109
49
Gr. Wuken-
see
Biesenthal
43
29
48
Stolzenhagener
See
42
Ützdorf
Lanke
Wandlitz-
see
Wandlitzsee
Ober-
see
Wensicken-
dorf
Rahmer-
see
44
46
Hell-
see
41
Wandlitz
Wensicken-
dorf
40
273
Wandlitz
45
Liepnitz-
see
47
Lobetal
Seefeld
Lubow-
see
Zühlsdorf
Waldsiedlung
273
Rüdnitz
Zühlsdorf
Bahnhofs-
siedlung
2
Basdorf
Basdorf
109
Gorinsee
39
Schön-
walde
Bernau
Summt
Gorinsee
E28
Schön-
walde
Bernau
← 38
Zepernick
Mühlenbeck-
Mönchsmühle
Schöner-
linde
Zepernick
Mühlenbeck
Schönerlinde
Buch
Buch
2
E55
Karow
10
96a
Buch-
holz
114
Karow
Das Wandlitzer Seengebiet
0
2
4 km

## Nördlich von Berlin – das Wandlitzer Seengebiet

Schon in der nördlichen Berliner City steigt vom Urstromtal die Barnim-Hochfläche auf. Radler wissen, wovon die Rede ist, wenn sie für die Steigung Richtung Prenzlauer Berg ordentlich in die Pedale treten müssen. Den nördlichen Teil dieser ausgedehnten Hochfläche nimmt in Brandenburg der Naturpark Barnim ein. Knapp 750 Quadratkilometer groß – das entspricht mehr als 150 000 Fußballfeldern – ist dieser herrliche Flickenteppich aus Wasser und Land.

Gleich mit dem Wandlitzer Seengebiet, nicht weit von Berlin entfernt, bietet er eine ganze Palette an traumhaften Badeseen, vom südlichen kleinen Gorinsee bis hinauf zu den Ruhlsdorfer Kiesseen. Im Herzen der Gewässerkette lädt der Strandbadklassiker Wandlitzsee zum Badespaß ein. In seiner Nachbarschaft funkelt die Perle des Barnim, der romantische Liepnitzsee. Und auch das Strandbad Wukensee darf nicht unerwähnt bleiben: 2008 wurde es von den RBB-Hörern zum schönsten brandenburgischen Strandbad gewählt.

Von den S-Bahn-Stationen verbinden die ›Heidekrautbahn‹ (NE 27) und die ›Naturparklinie‹ (Bus 903) die Seen, so dass sie auch von Berlin mit öffentlichen Verkehrsmitteln gut zu erreichen sind. Wer dagegen am liebsten geschwind anreisen und quasi schon von der Autobahn aus in den Badesee hüpfen möchte, findet bei Velten am Bernsteinsee die richtige Adresse.

### 38 Bernsteinsee bei Velten

Wer auf romantische stille Natur keinen besonderen Wert legt und dafür der schnellen Erreichbarkeit mit dem Auto den Vorzug gibt, liegt am Bernsteinsee zwischen Velten und Pinnow goldrichtig. Das über fünf Hektar große Freizeitgelände mit dem gut 750 Meter langen, 150 Meter breiten Baggersee im Zentrum entstand in den 1970er Jahren durch Auskiesung für den Autobahnbau keine 50 Meter nebenan. Ein Bernsteinfund während der Bauarbeiten soll dem See damals seinen Namen gegeben haben. Gemeinhin wird er aber auch ›Autobahnsee‹ genannt, und dies mit gutem Grund: Nur 1000 Meter weiter westlich liegt das Autobahnkreuz Oranienburg, unmittelbar hinter dem nördlichen Seeufer braust der Fernverkehr auf dem Berliner Ring, und über diesen hinweg führt die Autobrücke, über die man von Pinnow/Borgsdorf zum Bernsteinsee gelangt.

Der gebührenpflichtige Parkplatz direkt vor dem Eingang zum Badestrand fasst rund 1000 Wagen. Doch selbst wenn diese mit jeweils vier bis fünf Insassen anreisen würden, fände ein jeder Badegast noch sein Plätzchen auf dem weitläufigen Gelände. Den großen Weststrand mit feinstem Sand gleich hinter dem Eingang teilen sich Badelustige mit Sportlern. Neben den Liegeflächen stehen über zwei Dutzend Felder mit Netzen und Toren für Beachvolleyball, Beachsoccer, Beachhandball und Beachbasketball zur Verfügung. Sogar eine Art Minizuschauertribüne kann der Weststrand sein eigen nennen – die Deutschlandmeisterschaften im Beachsoccer werden hier ausgetragen.

Gegenüber am Oststrand erstreckt sich der FKK-Bereich mit einer riesigen Rasenliegefläche vor dem Badezugang zwischen dem Schilf. Ostwärts schließen sich hinter kleinen Kiefernhain-Einsprengseln weitere große Sand- und Wiesenflächen an.

Am Südufer kommen schließlich Familien auf ihre Kosten. Auf etwa 150 Metern erstreckt sich der bewachte und mit Absperrungen im Wasser gesicherte, sehr seichte Badebereich, der wie überall rund um den Bernsteinsee wunderbar weichen Sand unter den Füßen bietet. Südlich folgen hinter der Liegewiese und einem schmalen Asphaltband eine Reihe von Imbissbuden mit asiatischen oder deutschen Happen aus der Friteuse sowie als zentrale Versorgungsstation ein Selbstbedienungslokal mit italienischen Schnellgerichten und großer Speiseterrasse.

Die Attraktion am Nordostufer, quasi im Schatten der Autobahn, ist eine Wasserski- und Wakeboardanlage. Auf einem Umlaufkurs von mehr als 700 Metern kann man sich per Seilbahn mit bis zu 30 km/h über das Wasser ziehen lassen. Zurück an Land laden Bar und Terrasse, Liegestühle und Hängematten am kleinen Sandstrand zum Chillen ein. Nur von dem dröhnenden Autolärm, der ununterbrochen über das Wasser schallt, darf man sich, wie überall rund um den ›Autobahnsee‹, besser nicht stören lassen.

**Bernsteinsee bei Velten**

Am Bernsteinsee, 16727 Velten, Tgl. 9–22 Uhr. Ew. 2 Euro, Kinder/ermäßigt 1.50 Euro.

DRK, Schwimmmeister am West- und Südufer; am Ostufer Baden auf eigene Gefahr.

Ab S Borgsdorf Bus 816 bis ›Pinnow, Bernsteinsee‹; der Bus stoppt direkt am Eingang zum Badesee. Fahrplaninfo Tel. 03301/699699, www.ovg-online.de.

BAB 111 Abfahrt Hennigsdorf/Velten und der Beschilderung ›Bernsteinsee/Wasserskianlage‹ folgen; oder BAB 10 (Berliner Ring) Abfahrt Birkenwerder, von dort B 96 Richtung Oranienburg, nach ca. 2 km an der Ampel links via Pinnow/Velten abbiegen; nach etwa 3 km folgt der Bernsteinsee nach der Brücke über die Autobahn.

**Wasserski- und Wakeboardanlage**, Telefon 03303/400145, www.wakeboard-berlin.de. März/April Sa/So ab 13 Uhr, Mai/Juni tgl. ab 13 Uhr, Juli/Aug. Mo–Fr ab 11 Uhr, Sa/So ab 13 Uhr, Sept./Okt. Mo–Fr ab 15 Uhr, Sa/So ab 13 Uhr, immer bis Einbruch der Dunkelheit.

## 39 Badestrand am Gorinsee

Am Südrand des Naturparks Barnim, nicht weit von Schönwalde, liegt die 272 Einwohner kleine Siedlung Gorinsee am gleichnamigen, fast bullaugenrunden, ebenfalls kleinen See. Ein 200 Meter langer, 50 Meter breiter Liegebereich dehnt sich an seinem Ostufer vor einem Kiefernwald aus; halb Wiese, halb Sandfläche, die sich in einem schilfumrahmten Bogen zum Wasser hin öffnet. Auf feinsandigem Boden watet man ein gutes Stück ins Wasser hinaus, bis es allmählich tiefer wird. Der Gorinsee ist relativ seicht und eignet sich auch für kleine Kinder zum Planschen.

Auf der Wiese finden sich unter dem Schirm hoher Kiefern, Erlen und Eichen

▶ Karte S. 80

*Badestrand am Gorinsee*



kühle Plätze. Rundum geht der Blick über den See ausnahmslos ins Grüne. Und damit man keinen Naturkoller kriegt, sorgt gleich hinter dem Strand das Gasthaus ›Gorinsee‹ mit Imbiss, Eisbude, Biergarten und Restaurant für einen rustikalen Ausflugsbetrieb. In der Gaststube mit vielen Hirschgeweihen wird märkische Küche und als Spezialität Hirsch- und Wildschweinbraten serviert. Außerdem werden Gästezimmer vermietet. Östlich von Strand und Liegewiese schließt sich der Platz der Campingfreunde Gorinsee an, wo man unter Kiefern und Birken sein Zelt aufschlagen kann.

Der von Grundwasser gespeiste stille Gorinsee ist für Motorboote gesperrt. Ein Wanderweg führt um ihn herum, und bei schönem Wetter präsentiert abends die Sonne einen feuerglutroten Abschied.

**Badestrand am Gorinsee**

Bernauer Chaussee, 16348 Wandlitz/OT Schönwalde-Gorinsee.

Baden auf eigene Gefahr.

**Campingplatz am Gorinsee**, Bernauer Chaussee 1, 16348 Wandlitz/OT Schönwalde-Gorinsee, Telefon 03 30 56/813 68, http://campingfreunde-gorinsee.info.

B 109 bis Schönwalde, dort an der Kirche rechts Richtung Bernau, nach knapp 3 km am östlichen Ortsrand der Siedlung Gorinsee in die Zufahrt zum Badestrand einbiegen (ausgeschildert mit ›Gasthaus am Gorinsee‹), davor ein großer Parkplatz.

Ab S Karow mit der NE 27 (Heidekrautbahn) bis Bahnhof Schönwalde, von dort 3,5 km per Rad oder zu Fuß über die Bernauer Chaussee nach Gorinsee, ab dort wie unter ›Bus‹ beschrieben. Fahrplaninfo: Telefon 030/396 01 13 44, www.neb.de.

**Gasthaus am Gorinsee**, Bernauer Chaussee 1, 16348 Wandlitz/OT Schönwalde-Gorinsee, Telefon 03 30 56/742 46, www.gasthaus-gorinsee.de. DZ/F 45 Euro, Restaurantbetrieb tgl. ab 11 Uhr.

## 40 Strandbad am Rahmer See

Das gemütliche, ruhige Bad liegt zwischen den Siedlungen Seefeld und Kolonie Rahmer See am Südufer des Rahmer Sees. Familiär, behaglich sind weitere Attribute, die man der knapp 8000 Quadratmeter großen Anlage beimessen kann. Über die grüne Wiese verstreuen sich Bäume, Büsche und Bänke, vorne am Eingangsbereich wartet eine Imbiss-Gaststätte mit selbstgemachtem Eis, Kartoffelsalat und Bouletten auf, im hinteren Bereich stehen Tischtennisplatte und ein Volleyballfeld zur Verfügung. Am Wasser öffnet sich vor einer niedrigen Böschung ein etwa 40 Meter breiter Badezugang, danach haben Schilfgürtel das Ufer wieder verschlungen. Zwei lange Bootsstege ragen in den See hinaus, der linke mit einem Drei-Meter-Sprungturm, der rechte mit Sonnenbänken bestückt. Zwischen ihnen spannt sich die Leine zum Markieren der seichten Kinderplansche – zur Freude der Kinder

*Strandbad am Rahmer See*

▶ Karte S. 80

mit einer Wasserrutsche. Bojen zeigen das Ende des Schwimmerbereichs an.

Das gesamte Strandbad wirkt ein wenig in die Jahre gekommen, doch eben das macht seinen urigen Charme aus. Zahlreiche Stammgäste sind ihm über die Jahre treu geblieben und genießen die Stille am Rahmer See. Denn Motorboote dürfen ihn nicht befahren; dafür kann man am Strandbad ein Ruderboot leihen.

Traditionell startet die Badesaison im Strandbad immer am 30. April. Pünktlich um 18 Uhr beginnt dann zur Walpurgisnacht die Eröffnungsfeier mit großem Lagerfeuer und Tanz in den Mai.

**Strandbad am Rahmer See**

Straße zum Strandbad, 16515 Zühlsdorf/OT Seefeld. Bei schönem Wetter tgl. 9–20 Uhr, Ew. 2 Euro, Kinder bis 14 Jahre 1 Euro, Kinder unter 14 Jahre frei.

Rettungsschwimmer, Baden auf eigene Gefahr.

B 109 Richtung Wandlitz, kurz vor Wandlitz am Kreisel in die B 273 via Zühlsdorf einbiegen, von dieser nach knapp 2 km westlich in die Zühlsdorfer Chaussee Richtung Zühlsdorf-Seefeld einschwenken, nach weiteren knapp 2 km, ca. 200 m vor dem östlichen Ortseingang, in die Sandpiste zum Strandbad einbiegen (ausgeschildert mit ›Strandbad-Imbiss am Rahmer See‹), ein Sandparkplatz vor dem Eingang zum Strandbad.

Ab S Berlin-Karow mit der Heidekrautbahn (NE 27) bis Bahnhof Zühlsdorf, von dort den Wanderweg rechts neben den Gleisen nördlich bis zur Wandlitzer Chaussee hochlaufen, rechts in die Chaussee einbiegen, dieser durch Zühlsdorf-Seefeld hindurch folgen, ca. 200 m östlich vom östlichen Ortseingang in die Sandpiste zum Strandbad einbiegen (ausgeschildert mit ›Strandbad-Imbiss am Rahmer See‹), insgesamt gut 2 km zu Fuß. Fahrplaninfo: Tel. 030/396 01 13 44, www.neb.de.

## 41 Badestelle am Nordufer des Rahmer See

Klein aber fein, nichts für einen ganzen Badetag, jedoch hübsch für einen Sprung zwischendurch ins kühle Nass ist die Wiesenbadestelle am Nordufer des Rahmer Sees. Sie ist keine 400 Quadratmeter groß und liegt hinter Bäumen und mannshohen Brombeerhecken verborgen. Vorne gibt ein Schilfmeer einen nur etwa zwei Meter breiten Seezugang mit kleinem Sandflecken frei. Weit geht es vom Ufersaum auf weichem Seeboden ins flache Wasser hinaus. Ein langer Steg begleitet die Wanderung, an dessen Ende eine Leiter in den dann brusthohen See hineinführt. Die Badestelle wird an heißen Sommertagen sehr gerne von Fahrradausflüglern für einen Sprung zwischendurch ins kühle Nass genutzt. Zur anschließenden Stärkung lädt keine fünf Minuten entfernt die Ausflugsgaststätte ›Rahmer See‹ ein. Im Restaurant und im Biergarten wird gutbürgerliche deutsche Küche serviert.

### Badestelle am Nordufer Rahmer See

Seestraße, 16515 Oranienburg/OT Wensickendorf-Siedlung am Rahmer See.

Baden auf eigene Gefahr.

Anfahrt über die B 273 Wandlitz–Oranienburg, am Nordufer des Rahmer Sees verläuft zwischen östlich dem Örtchen Rahmer See (Ortsteil von Wandlitz) und westlich der Siedlung am Rahmer See (Ortsteil von Oranienburg) die Gemeindegrenze. Auf Höhe der Gemeindegrenze auf der Oranienburger Chaussee/Wandlitzer Chaussee (B 273) unweit der Gaststätte ›Rahmer See‹ auf das blaue Straßenschild ›Seestraße‹ achten, dort einbiegen, nach etwa 150 m Sandpiste mit wenigen Parkmöglichkeiten folgt nach ein paar Schritten die kleine Badewiese.

Ab S Berlin-Karow mit der Heidekrautbahn (NE 27) bis Bahnhof Wensickendorf, von dort östlich über die Wandlitzer Chaussee bis Seestraße, ab dort wie unter Autoanfahrt beschrieben (gut 2 km zu Fuß). Fahrplaninfo: Tel. 030/396 01 13 44, www.neb.de.

**Gaststätte und Restaurant Rahmer See**, Wandlitzer Chaussee 26, 16515 Oranienburg/OT Wensickendorf-Siedlung am Rahmer See, Telefon 03 30 53/90 01 09. Tgl. ab 10 Uhr.

## 42 Strandbad Stolzenhagener See

Mondsichelförmig erstreckt sich der Stolzenhagener See unweit vom nördlichen Wandlitzer Seeufer. Nur eine schmale Landbrücke trennt die beiden Gewässer, so dass man vom Strandbad an der Südspitze des Stolzenhagener Sees bereits den Wandlitzer See zwischen den Bäumen hindurchschimmern sieht.

Das Strandbad ist das einzige weit und breit im Barnim, das sich mit der Blauen Flagge schmücken darf. Die internationale Auszeichnung wird jährlich für besonders vorbildliche Umweltarbeit verliehen, und das Stolzenhagener Bad erhielt sie durchgehend in den Sommern 2006, 2007 und 2008.

Waldumrahmt dehnt es sich mit großem Sandstrand und Liegerasen auf gut 10 000 Quadratmetern aus. Rundum geht der Blick auf Grün und auf die Bootsstege der Anrainer, deren Häuschen sich zwischen den Bäumen verstekken. Ein etwa 60 Meter breiter Seezugang öffnet sich zwischen dem Schilf, von wo aus es auf weichem Sandboden ins ziemlich schnell tiefer werdende Wasser hineingeht. Hinter dem Sand schließt sich ein weitläufiger gepflegter Rasen an, auf dem Birken und Kiefern in lockerem Abstand schattige Plätzchen bieten.

Beachvolleyball, Kinderspielplatz und natürlich ein Imbiss mit großer Sonnenterrasse dürfen nicht fehlen. Getrennte Behälter für Papier-, Glas- und Restmüll und sogar eine rote Tonne für Zigarettenkippen stehen parat, damit das Strandbad so proper bleibt, wie es sich heute zeigt.

Der gebührenpflichte Parkplatz (1 Euro) vor der Anlage ist durch eine Schranke versperrt. Gezahlt wird beim Hinausfah-

▶ Karte S. 80

*Strandbad Stolzenhagener See*

ren am Automaten, deshalb unbedingt Kleingeld bereit halten, besonders am späteren Abend, wenn von den Bewirtschaftern niemand mehr anwesend ist. Denn sonst bliebe die Schranke unten und man käme nicht mehr hinaus.

## Strandbad Stolzenhagener See

Straße am See 1, 16348 Wandlitz/OT Stolzenhagen, Tel. 03397/21516, www.strandbad-stolzenhagen.de. Täglich 10–20 Uhr, Ew. 2 Euro, Kinder 1 Euro.

Baden auf eigene Gefahr.

B 109 bis Wandlitz, ca. 1 km nördlich von Bahnhof Wandlitzsee nach Westen in die L 29 (Stolzenhagener Chaussee/Lanker Chaussee) einbiegen, von dieser nach 2,5 km links in die Straße am See einbiegen und diese bis zum Ende durchfahren, dort vor dem Strandbad ein großer gebührenpflichtiger Parkplatz.

Ab S Karow mit der Heidekrautbahn (NE 27) bis Bahnhof Wandlitzsee, weiter mit dem Bus 902 (verkehrt nur Mo–Fr) bis ›Stolzenhagen, Straße am See‹, von dort die Straße am See bis zum Strandbad hinunterlaufen (gut 1 km). Fahrplaninfo: Heidekrautbahn Tel. 030/3960 1 13 44, www.neb.de; Bus Tel. 03334/23 50 03, www.bbg-eberswalde.de.

Für Leute, die gern zu Fuß gehen, bietet sich alternativ ein schöner, knapp einstündiger Spaziergang ab Bahnhof Wandlitzsee an: nahe Bahnhof über die Seepromenade und Thälmannallee zum nördlichen Wandlitzseeufer, von der Thälmannallee dann links in die August-Bebel-Straße hinein. Sie endet an einem Knüppeldamm über ein kleines Moor, den nur Fußgänger und Radler passieren können; anschließend über die Phillip-Müller-Straße zum Parkplatz vor dem Strandbad.

## 43 Badewiese und Restaurant Fischerstube

Am Westufer des Stolzenhagener Sees bietet die ›Fischerstube‹ Tafelfreuden mit Badebetrieb. Links auf dem etwa 4000 Quadratmeter großen Gartengrundstück kommen im rustikalen Restaurant und auf der Terrasse mit Seeblick Fischspezialitäten auf den Tisch, vorn am Steg kann man ein Boot leihen oder sich im Liegestuhl niederlassen. Zur Badewiese hin, die die gesamte südliche Hälfte des Grundstücks einnimmt, ist ein Imbiss angeschlossen, wo man auf Holzbänken sitzt und sich leckeren Räucherfisch schmecken lässt. Weitere Bänke stehen im Gras vor der Minibucht, die in sanftem Schwung zwischen dem Schilf eine schmale Sandfläche mit Badezugang freigibt. Kleinen Menschen steht außerdem ein Spielplatz zur Verfügung, allerdings wird das Gastro-Bad bevorzugt von eher gesetzteren Jahrgängen besucht.

Zur Badewiese gelangt man über das Restaurant, wo man auch den kleinen Obolus für den Eintritt entrichtet. Am Parkplatz vor dem Gebäude befindet sich außerdem eine Verkaufsstelle, die frischen und geräucherten Fisch anbietet.

*Das Restaurant liegt in der Nähe der Badewiese*

Karte S. 80

**Badewiese und Restaurant Fischerstube**

Basdorfer Straße 1a, 16348 Wandlitz/OT Stolzenhagen, Tel. 03 33 97/674 67, www.fischerstube.info. Tgl. ab 11 Uhr (Küche bis 21 Uhr), Ew. 2 Euro, Kinder 1 Euro.

Baden auf eigene Gefahr.

B 109 Richtung Wandlitz, am Kreisverkehr kurz vor Wandlitz nach Westen in die B 273 via Zühlsdorf/Oranienburg einschwenken, ca. 600 m, nachdem die Straße nach Zühlsdorf abgezweigt ist, rechts von der B 273 in die Basdorfer Straße einbiegen, nach etwa 2,5 km liegt die Fischerstube direkt am Straßenrand (mit ›Fischerstube‹ ausgeschildert), Parkplätze vor dem Restaurant.

Ab S Karow mit der Heidekrautbahn (NE 27) bis Bahnhof Wandlitzsee, dann Bus 902 (verkehrt nur an Schultagen) bis ›Stolzenhagen, Kirche‹, von dort die Dorfstraße noch etwa 400 m in südliche Richtung. Fahrplaninfo: Heidekrautbahn Telefon 030/396 01 13 44, www.neb.de; Bus Tel. 033 34/23 50 03, www.bbg-eberswalde.de.

## 44 Strandbad Wandlitzsee

Bereits 1923 wurde der Strandbadklassiker am Ostufer des Wandlitzer Sees eingeweiht; und weil der Ansturm der Sommerfrischler in die schöne Natur nicht mehr abreißen wollte, kam für ihre bequeme Beförderung 1927 noch der Bahnhof Wandlitzsee dazu. Das denkmalgeschützte Gebäudeensemble nach Plänen von Wilhelm Wagner gilt als ausgezeichnetes Beispiel der Bauhaus-Architektur.

Doch nicht Kunst und Kultur, sondern zuallererst Baden und Surfen sind am Wandlitzer See angesagt. Ein 50 Meter breiter und knapp 200 Meter langer Rasen zieht sich fast über die gesamte Ausdehnung des Strandbads hinweg; und bei Niedrigwasser in heißen Sommern wird das Grün sogar von einem schmalen Streifen Sandstrand geschmückt. Sandboden führt auch ins flache Wasser hinein. Im Zentrum der Anlage greift ein langer Steg mit Drei-Meter-Sprungturm in den See aus, daneben dümpelt im Schwimmerbereich eine Badeinsel mit Wasserrutsche. Der seichte Planschbereich ist durch Leinen gesichert.

Im Hintergrund sind auf dem Rasen Bänke mit Seeblick drapiert, kleine Bauminseln sorgen für Schatten. Im nördlichen Liegewiesenbereich schließt sich an einen Spielplatz mit Riesenrutsche und Schaukeln ein grüner Sonnenhang an. Das Service-Angebot kann sich sehen lassen: Imbiss, Tischtennis, Volleyball und Liegestuhlverleih und für das Badevergnügen Ausleihe von Schwimmbrettern, Poolnudeln, Ruderbooten. Neben WC, Dusche, Umkleide verfügt das Strandbad außerdem über behindertengerechte Toiletten, und der Rasen lässt sich einigermaßen passabel mit dem Rollstuhl befahren. Zum Service zählt darüber hinaus, dass man das Bad, sofern man die Eintrittskarte aufhebt, verlassen und am selben Tag wieder betreten kann.

Denn vielleicht möchte man es ja einmal mit dem Surfen probieren? Eine Surfschule mit Brettverleih befindet sich

*Auf der Aussichtsterrasse des ›Ristorante alla Fontana‹*

unmittelbar links nebenan. Direkt rechts neben dem Eingang grenzt die große Aussichtsterrasse des ›Ristorante alla Fontana‹ an die Liegewiese (kein Zugang vom Bad). Dort abends bei Pasta, Pizza, Fisch- oder Fleischgerichten den Sonnuntergang über dem Wandlitzer See zu genießen, hat fast schon Kultcharakter und ist auf jeden Fall ein herrlicher Abschluss eines sonnigen Badetags.

**Strandbad Wandlitzsee**

Prenzlauer Chaussee 154, 16348 Wandlitz, Tel. 03 33 97/648 88. Mai/Juni/Sept. tgl. 10–19 Uhr, Juli/Aug. tgl. 9–20 Uhr; Ew. 2 Euro, ermäßigt 1.50 Euro, Schüler/Azubis 1.25 Euro, Kinder ab 5 Jahre 1 Euro, Kinder unter 5 Jahre frei.

**Touristeninformation**, Prenzlauer Chaussee 157 (neben Bhf. Wandlitzsee), 16348 Wandlitz, Telefon 03 33 97/661 68, www.wandlitz.info. Mo/Do/Fr 9–17 Uhr, Di 9–18 Uhr, Mi 9–13 Uhr, Sa 10–14 Uhr, Zimmervermittlung.

Schwimmmeister, Rettungsschwimmer.

Anfahrt über B 109 bis Wandlitz Ortszentrum. Das Strandbad liegt gleich gegenüber von Rathaus und Bhf.

▶ Karte S. 80

Wandlitzsee, davor ein großer gebührenpflichtiger Parkplatz.

Ab S Karow mit der Heidekrautbahn (NE 27) bis Bhf. Wandlitzsee, das Strandbad befindet sich gegenüber vom Bahnhof bereits in Sichtweite; alternativ ab S Bernau Bus 894 (Mo–Fr) bzw. Bus 903 (Sa/So) bis ›Bahnhof Wandlitzsee‹.
Fahrplaninfo: Heidekrautbahn Tel. 030/3960113 44, www.neb.de; Bus Tel. 03334/235003, www.bbg-eberswalde.de.

**Pension Rubirosa**, Bernauer Chaussee 48, 16348 Wandlitz, Telefon 033397/81230, www.rubirosa.de. Elegant ausgestattete Zimmer in hübsch restaurierter kleiner Villa, mit angeschlossener Kunstgalerie (nahe Bahnhof Wandlitz Richtung Liepnitzsee); DZ/F 55 Euro.
**Jugendherberge Wandlitz**, Prenzlauer Chaussee 146, 16348 Wandlitz, Tel. 033397/22109, www.jh-wandlitz.de. Schicker Neubau direkt am Wandlitzsee, nahe Bahnhof Wandlitzsee.

**Strandrestaurant Wandlitzsee Ristorante alla Fontana**, Prenzlauer Chaussee 154, 16348 Wandlitz, Tel. 033397/68393. Tgl. 11–24 Uhr.

**Surf-Center Wandlitz**, Prenzlauer Chaussee 150 (unmittelbar neben dem Strandbad), 16348 Wandlitz, Tel. 033397/60480, www.fss-berlin.de. Tgl. außer Mi 10–18 Uhr (ab 4 Windstärken auch mittwochs geöffnet).

## 45 Waldbad Liepnitzsee

Der Liepnitzsee liegt traumhaft inmitten grüner Natur. Seine sanft hügeligen Ufer schmückt schöner Laubmischwald, und auf acht Kilometer Wanderweg, mal als Höhen-, meist als Uferweg, lässt er sich in zwei bis drei Stunden gemütlich umrunden. Dabei fällt der Blick stets auf die Insel Großes Werder, die in der Mitte des Sees im klaren Wasser schwimmt.
Vom Bahnhof Wandlitzsee ist das Waldbad auf einer kleinen Landnase am nordwestlichen Seeufer in einem 30-minütigen Spaziergang gut zu erreichen. Wald säumt die annähernd 15000 Quadratmeter große Rasenfläche, Erlengruppen bieten schattige Plätze, und vor der Uferböschung wächst dichter Röhricht. Hinten am Waldrand nahe Tischtennisplatte und Volleyballfeld finden sich kleine Örtchen in Gestalt von Kabinenklos als einzige Sanitäreinrichtung. Duschen wird man dagegen vergeblich suchen. Sie sind auch nicht nötig: Der Liepnitzsee ist so sauber, dass man vor dem Baden eigentlich zunächst das Sonnenöl abwaschen müsste.
Wasserwacht und Imbissgaststätte vorne am See schmiegen sich holzverkleidet und reetgedeckt in die schöne Natur. Davor mündet die Wiese in eine 30 mal 20 Meter schmale Sandfläche zwischen dem Schilf, über die man sanft ins seichte Wasser gelangt. Ein Holzsteg rechts davon bietet am Ende eine kleine Sonnenplattform. Eine Leine kündigt im Wasser bereits nach wenigen Metern das Ende des Nichtschwimmerbereichs an, danach wird es ziemlich schnell tief.
Die Frage FKK oder Textil wird ganz zwanglos und individuell gehandhabt. Und diejenigen, die lieber rudern als schwimmen möchten, können sich Tretboote, Kajaks und Ruderboote leihen.

Fähre
Hella
www.liepnitzinsel.de

## Schöner Wohnen am Liepnitzsee – die Waldsiedlung Wandlitz

Hermetisch abgeschirmt von der Normalbevölkerung wohnten die mächtigsten Männer der DDR – die Mitglieder des Politbüros und des Zentralkomitees der SED – mit ihren Familien bis zum Untergang des sozialistischen deutschen Staats in der berühmt-berüchtigten ›Waldsiedlung Wandlitz‹. Rund 40 Kilometer vom Zentrum Ostberlins, Hauptstadt der DDR, entfernt hatte es sich die Politprominenz, hinter hohen Mauern verborgen, in der schönen Natur nahe dem Liepnitzsee gemütlich gemacht. Auf etwa zwei Quadratkilometern entstanden dort von 1958 bis 1961 insgesamt 23 ›Objekte‹ in Form von Zweifamilienhäusern für Otto Grotewohl, Walter Ulbricht und Willi Stoph, Günter Mittag, Erich Mielke, Erich Honecker & Co. – und zwar aus Sicherheitsgründen. Denn nach dem Volksaufstand in der DDR 1953 und dem Ungarn-Aufstand 1956 hatten die höchsten Funktionäre der Sozialistischen Einheitspartei Deutschlands allen Grund, sich vor ihrem Volk fürchten zu müssen; und anders als ihre rund um den Berliner Majakowski-Ring verstreuten Stadthäuser waren die Wohnobjekte in der abgeschirmten entlegenen Siedlung im Wald von den Mitarbeitern des Ministeriums für Staatssicherheit leichter zu schützen.

Mit ›Wessi‹-Augen betrachtet nahmen sich die Domizile der Polit-Obrigkeit zwar eher bescheiden aus. Und wer nach der Wende je noch Gelegenheit hatte, diese Wohnungen zu Gesicht zu bekommen, bevor das Gelände privatisiert wurde, war zudem mehr als erstaunt über ihre kleinbürgerliche Piefigkeit. Nichtsdestoweniger bezeichnete manch einer die vom Ministerium für Staatssicherheit strengstens bewachte Wohnanlage als ›Göttergetto‹. Denn immerhin gab es ein Schwimmbad, und für die kontinuierliche Versorgung der Bewohner mit Westkonsumgütern war die Ehefrau des skandalumwitterten Chefs der ›Kommerziellen Koordinierung‹ (KoKo), Schalck-Golodkowski, zuständig.

In den 1970er Jahren bekamen die Herrschaften für den Weg von der Waldsiedlung zu ihren Büros in Ostberlin sogar eine eigene Autobahn in den märkischen Sand gebaut. Sie war so konzipiert, dass sie zugleich als Start- und Landebahn für Flugzeuge hätte dienen können. Doch dieses Ereignis trat, soweit bekannt ist, niemals ein. Stattdessen fiel im November 1989 die Mauer.

Gleich 1990 wurde die Waldsiedlung an einen Investor verkauft; ein knappes Jahr später fand bereits die Einweihung der Brandenburg-Klinik statt, die seitdem das Gelände betreibt. Die ehemaligen Polit-Häuser hat man längst umgebaut und in den Klinikbetrieb integriert. Im Schwimmbad, in dem einst Honecker seine Bahnen zog, wird mittlerweile Krankengymnastik getrieben, und zahlreiche weitere Gebäude wurden errichtet. Mit 650 Betten ist die Brandenburg-Klinik heute eine der größten Reha-Fachkliniken im Bundesland Brandenburg. Kaum noch etwas erinnert an das ehemalige ›Göttergetto‹. Die Spuren dieses Ausschnitts der DDR-Vergangenheit sind mittlerweile so gut wie nicht mehr zu finden.

*Die Fähre ›Frieda‹ verkehrt zur Insel Großer Werder*

**Waldbad Liepnitzsee**

Am Liepnitzsee, 16348 Wandlitz/OT Liepnitzsee, Tel. 033397/81915. Mo–Fr 9–19 Uhr, Sa/So 9–20 Uhr, Ew. 3 Euro, Kinder 14–18 Jahre 2 Euro, Kinder bis 14 Jahre 1.50 Euro.

DRK, Schwimmmeister.

Siehe Info zum Südwestufer (S. 96).

## 46 Badestellen am Liepnitzsee-Nordufer

Eine weitere schöne Möglichkeit zum Waldbad Liepnitzsee zu gelangen, ist ein Spaziergang ab Ützdorf am Nordufer entlang. Von der Straße am Liepnitzsee geht es etwa 200 Meter nach dem Campingplatz in den Wald hinein, den Hang hinab zur Fähranlegestelle und von dort auf dem Uferweg in westliche Richtung in etwa 30 Minuten zum Waldbad. Unterwegs laden drei winzige Badestellen zum Abkühlen ein. Aber Achtung: Das Wasser wird rasch tief, und diese Stellen sind daher nur zum Schwimmen, nicht aber zum Planschen geeignet, und – versteht sich – auf eigene Gefahr.

Die erste kleine Badestelle findet sich am Uferweg unweit vom Fähranleger als schmaler Sandstreifen zwischen dem Schilf. Zwischen den Bäumen hindurch geht der Blick auf die Insel Großes Werder, rückwärtig kann man auf einer Holzbank am Waldhang seine Sachen ablegen. Nach einem morastigen Erlenbruch, über den Holzstege führen, folgt bald darauf vor einer winzigen Bucht an einer Waldlichtung die nächste Badestelle. Ein Holzbänkchen vor dem Schilf und eine Picknickbank vor dem Uferhang bilden die Einrichtung. Anschlie-

*Eine der kleinen Badestellen am Nordufer*

▲ Karte S. 80

ßend geht der Weg vom Ufer ab, führt als Höhenweg durch den Wald und kehrt nicht mehr weit vom Waldbad entfernt ans Ufer zurück, um eine letzte winzige Badestelle zu präsentieren. Kennzeichen: ein kleiner Holzsteg.

**Badestellen am Liepnitzsee-Nordufer**

Baden auf eigene Gefahr.

Siehe Info zum Südwestufer (S. 96).

**Hotel-Restaurant Jägerheim**, Wandlitzer Straße 12, 16359 Lanke/OT Ützdorf, Tel. 03 33 97/75 30, www.jaegerheim-uetzdorf.de. Traditionsreiches großes rustikales Hotel am nordöstlichsten Zipfel des Liepnitzsees im Flecken Ützdorf. Die ebenfalls rustikale Gaststube serviert regionale Küche, insbesondere Fisch- und Wildspezialitäten; DZ/F 65 Euro.

**Jugendherberge Liepnitzsee**, Wandlitzer Straße 6, 16359 Lanke/OT Ützdorf, Tel. 03 33 97/216 59, www.jh-liepnitzsee.de.

**Campingplatz Am Liepnitzsee**, Am Liepnitzsee 8a, 16359 Lanke/OT Ützdorf, Tel. 03 33 97/733 97. Fünf Hektar Wiesenfläche am Waldesrand oberhalb vom Liepnitzsee, mit neuem Sanitärgebäude und Gaststätte ›Liepnitzstübchen‹. Ganzjährig geöffnet.

## 47 Strandbadestelle am Liepnitzsee-Südwestufer

Hinter einem Landvorsprung schmiegt sich die kleine Badebucht vor einen steilen sandigen Uferhang. Teichrosenteppiche schwimmen im Wasser, dahinter zieht sich ein dichter Schilfgürtel entlang. Der große Sandhang, mit mächtigen Wurzeln und Baumstümpfen durchsetzt und von vereinzelten Birken, Eichen, Buchen und Kiefern geschmückt, bildet quasi eine Art Sonnenterrasse. Sie endet vorne am Seeufer, wo man auf etwa 40 Metern zwischen dem Röhricht, teils im fließenden Übergang, teils über eine niedere Böschung hinweg, das Wasser erreicht. Der Seeboden in der seichten Bucht besteht aus feinstem Sand, das Wasser oszilliert von kristallklar über hellblau bis türkis, und dort, wo es in dunkles Blau übergeht, wird es schlagartig tief. Eine magere Grasnarbe am Wegesrand bietet eine Alternative zum Sand. Hinten am Waldrand sind ein paar Müllkörbe aufgestellt, vorne am Ufer thront eine Holzbank.

### Liepnitzseeinsel Großer Werder

Wie ein grünes Auge schwimmt die Insel Großer Werder im Liepnitzsee. Vom nördlichen und vom südlichen Festlandufer pendelt die Fähre ›Frieda‹ – das einzige Boot, das mit Motorkraft über den See tuckern darf – auf ihre östliche Inselspitze und bringt Fußgänger immer zur vollen Stunde hin und zurück.

Einen Großteil der Insel nimmt ein Vereinscampingplatz ein. Aber auch Badestellen dürfen nicht fehlen, die erste ist nach etwa 300 Spaziermetern am südlichen Inselufer erreicht. An der Südwestspitze dehnt sich, teils Gras, teils Sand, eine etwas größere Liegewiese aus, zu der denn auch die meisten Besucher pilgern. Zentraler Treff, nicht weit vom Fähranleger entfernt, ist die ›Insulaner Klause‹, die mit kleinem Biergarten zur Einkehr einlädt.

*Strandbadestelle am Südwestufer des Liepnitzsees*

**Badestelle am Liepnitzsee-Südwestufer**

Baden auf eigene Gefahr.

B 109 bis Wandlitz oder BAB 11 bis Abfahrt Lanke und von dort über Lanke nach Ützdorf. Der Liepnitzsee kann mit dem Wagen nicht direkt angesteuert werden. Es bestehen aber mehrere Möglichkeiten sich ihm anzunähern, das Auto zu parken und zum Ufer zu spazieren.

▸ Anfahrt über Wandlitz zum Nordwestufer:
Etwa 300 m südlich vom Bahnhof Wandlitzsee von der Prenzlauer Chaussee in den Lanker Weg einbiegen, diesem auf ca. 1,2 km bis zum Ende folgen und irgendwo unterwegs auf dem Seitenstreifen einen der begehrten Parkplätze suchen. Der Lanker Weg geht in einen Waldweg über, der zum Seeufer führt, am Ufer nördlich weiter zum Waldbad, südlich zur Strandbadestelle.

▸ Anfahrt über Wandlitz zum Südwestufer:
Ein großer Parkplatz befindet sich zwischen Wandlitz und Waldsiedlung an der B 273 (Wandlitzer Chaussee) auf Höhe der Lanker Straße; von dort führt ein Waldweg zum Seeufer: am Wegekreuz nordöstlich in Richtung Strandbadestelle, nördlich zum Waldbad.

▸ Anfahrt über Ützdorf zum Nordufer:
BAB 11 bis Abfahrt Lanke, weiter Richtung Lanke/Ützdorf, in Ützdorf in die Straße am Liepnitzsee einbiegen, nach knapp 1 km ein großer gebührenpflichtiger Parkplatz neben dem Campingplatz; von dort noch 200 m die Straße entlang, dann links in den Waldweg einschwenken, den Hang hinab durch den Wald zur Fähranlegestelle am Nordufer vom Liepnitzsee.

▸ Karte S. 80

▸ Über Wandlitz zum Nordwest- und Südwestufer:
Ab S Karow Heidekrautbahn (NE 27) bis Bahnhof Wandlitzsee, von dort ca. 300 m südlich über die Prenzlauer Chaussee, in den Lanker Weg einbiegen, diesem bis zum Ende folgen und weiter auf dem Waldweg bis zum Seeufer, von dort nördlich weiter zum Waldbad, südlich zur Badestelle.
Zu letzterer gelangt man auch auf kürzerem Weg, dafür mit einmal mehr Umsteigen: Ab Bhf. Wandlitz oder Bhf. Wandlitzsee Bus 894 (verkehrt nur Mo–Fr) bis ›Bernau, Brandenburg-Klinik‹, dort in den Waldweg einbiegen und diesem etwa 15 Minuten bis zum Südwestufer folgen. Alternativ geht es immer ab S Bernau Sa/So mit dem Bus 903 (Bus fährt weiter bis Bhf. Wandlitzsee) bzw. unter der Woche dem Bus 894 bis ›Bernau, Brandenburg-Klinik‹ zum südwestlichen Seeufer.

▸ Über Ützdorf zum Nordufer:
Ab S Bernau Bus 903 (nur Sa/So) bis ›Ützdorf, Dorf‹, dort in die Straße am Liepnitzsee einbiegen, weiter siehe oben: Anfahrt über Ützdorf.
Fahrplaninfo: Heidekrautbahn, Telefon 030/39601 1344, www.neb.de; Bus Tel. 03334/235003, www.bbg-eberswalde.de.

**Pendelfähre zum Großen Werder**, ab Nordufer tgl. 10–17 Uhr immer zur vollen Stunde, zusätzlich je nach Bedarf mit ›Fährmann hol über!‹ Erwachsene 2 Euro, Kinder ab 7 Jahre 1 Euro, außerdem dürfen Hunde (1 Euro) und Räder (kostenlos) mit, www.liepnitzinsel.de.
Anfahrt mit öffentlichen Verkehrsmitteln und eigenem Fahrzeug: Siehe Anfahrt zum Liepnitzsee/Über Ützdorf zum Nordufer.

## 48 Badestrand am Obersee

Nicht weit östlich vom Liepnitzsee liegt der 600 Meter lange und nur zwischen 150 und 200 Meter breite Obersee. Rundum bewaldet, präsentiert er sich auf der Sonnenseite am Nordostufer vor einer Fußgängerpromenade mit schmalem Sandband. Nur zwei bis maximal zweieinhalb Meter trennen es von einer mit Holzbohlen befestigten Uferkante, die den feinen Sand hält. Steigt man über sie hinweg, ist man eine Wadenlänge tiefer ins Wasser gelangt. Ein in T-Form in den See ausgreifender Steg schützt den seichten Nichtschwimmerbereich. Und für die Gäste, die sich nicht auf dem etwa 40 Meter langen Sandstreifen ausstrecken mögen, stehen an der Promenade einige Sitzbänke bereit. Darüber hinaus – und dies im wörtlichen Sinn, nämlich ein paar Stufen hinauf – lädt die Sonnenterrasse des ›Strand-Cafés‹ zu Erfrischungen und kleinen Speisen ein. Auch Liegestühle und Sonnenschirme kann man dort leihen. Folgt man dem Uferweg wenige Schritte um eine Biegung herum, öffnet sich vor dem bewaldeten Hang eine etwa 600 Quadratmeter große Liegewiese mit Rutsche und Klettergerüst, Basketballkorb und einer Picknickbank, allerdings ohne Badezugang. Gegenüber fällt der Blick auf das fachwerkgeschmückte Hotel-Restaurant ›Seeschloss‹ am nahen südlichen Seeufer, das köstliche Fisch- und Wildspezialitäten zubereitet. So ließe sich fast von einer stattlichen Sommerfrische-Idylle sprechen, gäbe es nicht – leider – den Lärm von der nahen Autobahn.

**Badestrand am Obersee**

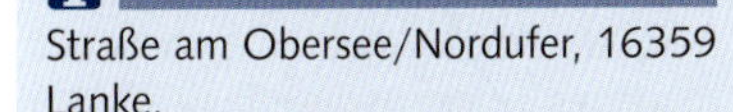

Straße am Obersee/Nordufer, 16359 Lanke.

Baden auf eigene Gefahr.

BAB 11 bis Abfahrt Lanke, weiter Richtung Lanke, dort im Ortskern in die Straße am Obersee einbiegen (L 29 via Ützdorf/Wandlitz), nach knapp 500 m ist der Obersee erreicht; ein Parkplatz befindet sich gegenüber vom Badestrand am Südufer vor dem Hotel Seeschloss.

Ab S Bernau Bus 890 (Mo–Fr) bzw. Bus 903 (Sa/So) bis ›Lanke, Dorf‹, von dort über die Straße am Obersee noch ca. 500 m zum Badestrand. Fahrplaninfo: Tel. 03334/235003, www.bbg-eberswalde.de.

**Hotel & Restaurant Seeschloss**, Am Obersee 6, 16359 Lanke, Telefon 03337/2043, www.seeschloss-lanke.de. Anfang der 1920er Jahre am Waldhang vor dem Seeufer erbautes, schön restauriertes Fachwerkgebäude. Zünftig-gediegene Ausstattung, das Restaurant serviert Fisch- und Wildspezialitäten, das Strand-Café gehört mit zum Hotelbetrieb; DZ/F 80 Euro.

## 49 Strandbad Wukensee

Im Jahr 2008 blickte Biesenthal am Wukensee gleich auf zwei denkwürdige Ereignisse zurück: Das 750-jährige Jubiläum der Stadtgründung wurde gefeiert, und die Zuschauer der RBB-Sendung ›Die schönsten Ausflugsorte‹ wählten das 1925 eröffnete Wukensee-Bad zum schönsten Strandbad in Brandenburg.

Tatsächlich zeigt es sich in vielerlei Hinsicht attraktiv und abwechslungsreich. Viktorianisch anmutende Holzpavillons schmücken den historischen Teil der Anlage, davor dehnt sich auf über 200 Metern Länge ein schöner, mit 20 Metern recht schmaler Sandstrand aus. Nördlich wird er ergänzt durch eine weitläufige Liegewiese mit Baumschatten, einem Volleyballfeld, im Hintergrund einem großen Spielplatz und vorn in Ufernähe einem Imbiss-Gartenlokal. Das Wasser ist herrlich klar, fischreich und wird – in Strandnähe zunächst außergewöhnlich seicht – weiter draußen im See abrupt tief. Die tiefste Stelle im Wukensee misst 40 Meter unter dem Wasserspiegel.

Zwei Längsstege und zwischen ihnen ein horizontaler umfrieden den Nichtschwimmerbereich. Von einem Drei-Meter-Turm kann man ins tiefere Wasser hüpfen und zu einem Badefloß schwimmen, Attraktion im flacheren kühlen Nass ist eine Wasserrutsche. Zusätzlich markiert eine über die gesamte Strandbadlänge hinweg im Wasser verlaufende Leine den seichten Planschbereich.

Hinter Steganlage und Sandstrand schließen sich die historischen Umkleiden an. Im Halbrund umziehen sie, einmal links, einmal rechts, je eine Sandterrasse, die mit Sitzbänken unter Linden ein bisschen wie lauschige kleine Dorfplätze wirken.

*Blick über den Obersee auf das Strand-Café*

Dazwischen thront leicht erhöht im Zentrum der Anlage das Restaurant ›Strandbad Wukensee‹ mit Speiseterrasse zum See (kein Zugang vom Strandbad aus).
Jährlicher Höhepunkt im August ist das traditionelle Wukenseefest. Ein nicht minder großes Vergnügen bereitet die Weltmeisterschaft im Wasserschuhlaufen, zu der Groß und Klein, Jung und Alt in übergroßen Plastikschuhschalen an den Start gehen, um im Übers-Wasser-Laufen-Wettkampf den neuen Water-Walking-Weltmeister zu ermitteln.

### Sehenswertes in Biesenthal

Im Alten Rathaus am Marktplatz, zwischen 1762 und 1768 erbaut, wartet eine Heimatstube auf den Besuch. Nahebei finden sich auf dem Schlossberg am Kaiser-Friedrich-Turm Grundmauerreste einer Askanierburg aus dem 13. Jahrhundert.
Die Evangelische Stadtkirche mit Ursprüngen ebenfalls im 13. Jahrhundert birgt eine auf 1859 datierte Orgel aus der Werkstatt von August Ferdinand Dinse.

*Strandbad Wukensee*

Karte S. 80

### Strandbad Wukensee

Ruhlsdorfer Straße 5–6, 16359 Biesenthal, www.strandbad-wukensee.de. Mai/Juni/Sept. tgl. 9–19 Uhr, Juli/Aug. tgl. 9–20 Uhr; Ew. 2 Euro, Kinder 1 Euro.

**Touristeninformation**, Am Markt 1 (im Ortszentrum im schmucken Fachwerkrathaus von 1768), 16359 Biesenthal, Tel. 03337/490718, www.barnim-tourismus.de, Di 9–12 u. 14–18 Uhr, Do 9–12 u. 14–17 Uhr, Fr 9–12 u. 14–16 Uhr, Sa 10–14 Uhr; Zimmervermittlung.

Bademeister, Rettungsschwimmer.

Anfahrt über BAB 11 Abfahrt Lanke, von dort über Lanke Richtung Biesenthal, nach ca. 4 km noch vor dem Ortszentrum nördlich in die Ruhlsdorfer Straße (L 294) abbiegen, diese etwa 1,2 km hinauffahren, kurz nach dem Ortsschild ›Biesenthal‹ in die Stichstraße zum Strandbad einschwenken. Ist der kleine gebührenpflichtige Parkplatz dort voll, befindet sich gleich 50 m weiter ein großer.

Ab S Bernau mit dem Bus 903 (nur Sa/So) bis ›Biesenthal, Wukensee‹ direkt am Strandbad, unter der Woche ab S Bernau Bus 896 bis ›Biesenthal, Ambulatorium‹; wenige Schritte von der Haltestelle entfernt zweigt die Ruhlsdorfer Straße Richtung Strandbad ab (rund 1 km zu Fuß). Fahrplaninfo: Tel. 03334/235003, www.bbg-eberswalde.de.

**Restaurant Strandbad Wukensee**, Ruhlsdorfer Straße 41, Telefon 03337/3124, Di–So 11–22 Uhr. Schnitzel, Geschnetzeltes und andere Fleischgerichte, außerdem Fisch und einige vegetarische Speisen.

## 50 Badestrände an den Ruhlsdorfer Kiesseen

Nicht weit nördlich von der Wandlitzer Seenkette herrscht an den Kiesseen bei Ruhlsdorf im Sommer absolutes Badevergnügen. Schwimmen, Sonnenbaden, Schlauchbootpaddeln, Wasserski an puderzuckerfeinen riesigen Sandstränden – die Baustoffnachfrage hat den Ruhlsdorfern diese herrlichen Freizeitseen geschenkt. Und es werden stets mehr. Denn weiter nördlich schaufeln die Saugbagger der Wittmann Kies und Beton GmbH das Baumaterial immer noch aus dem Boden. Der nächste künftige Badesee ist schon im Entstehen.

Die Kiesgruben, aus denen die heutigen Seen erwuchsen, wurden bereits Anfang der 1980er Jahre aufgelassen. Anschließend füllten sie sich binnen weniger Jahre mit Grundwasser, und die Natur eroberte sich das verlorene Gelände zurück. Rund um den größten der Seen, den Bernsteinsee, blickt man ausschließlich auf Schilf und Kiefernwald, von seiner künstlichen Geburt ist nichts mehr zu sehen.

An seinem Ostufer erstreckt sich ein etwa 500 Meter langer, bis zu 200 Meter breiter Sandstrand. Er ist bewirtschaftet, weshalb man am Eingang ein geringfügiges Eintrittsentgelt zahlt. Von

*Wasserskivergnügen in Ruhlsdorf*

Schilfgürteln geziert, öffnen sich mal kürzere, mal bis zu 30 Meter lange Badezugänge, über die es auf weichem Sandboden ins sehr seichte Wasser geht. Gute 20 Meter muss man hinauswaten, bis es die Knie umspült. Um keinen Sonnenbrand davonzutragen – die hier und da in den Sand gesprenkelten Weidenbüsche bieten kaum Schatten –, können am Eingang Sonnenschirme und außerdem Liegestühle gemietet werden. Ein Dixi-WC und ein Imbiss komplettieren den Service. In einen separaten Bereich im südlichen Teil der Anlage dürfen auch Vierbeiner mit.

Unmittelbar hinter dem Parkplatz am Bernsteinsee schließt sich auf der gegenüberliegenden Straßenseite der Ruhlesee an. Eine Art Mini-Nehrung teilt ihn in eine größere und eine kleinere Hälfte. Letztere, der Straße zugewandt, steht ganz im Zeichen von Wasserski. Mit 920 Metern umspannt die Wasserskiseilbahn annähernd die gesamte Seehälfte. Es werden Wasserski und Wakeboards verliehen, ein Restaurant hinter dem Strand serviert Erfrischungen und kleine Gerichte. Um die größere Hälfte des Ruhlesees herum kann man auf dem Campingplatz mitten im duftenden Kiefernwald sein Nachtquartier aufstellen. Wem das alles zu trubelig ist, nimmt Füße und Picknickkorb in die Hand und spaziert zum südlichen Bernsteinseeufer. Sagenhafte 18 Hektar Sandfläche verteilen sich um das Gewässer, so dass man sich auch ein bisschen abseits einrichten kann. Unterwegs bilden kleine Sandinselchen mit Badeeinstieg zwischen Schilfrohr und grünem Tann gemütliche Séparées, und ist man am Südufer angelangt, öffnet sich der nächste riesige, hier unbewirtschafte Sandstrand. Am Westufer schließt sich ein weiterer Strand in Form eines steilen Sandhangs zum Wasser an.

▶ Karte S. 80

### Strände an den Ruhlsdorfer Kiesseen

Biesenthaler Straße, 16348 Marienwerder/OT Ruhlsdorf. Großer Ostuferstrand am Bernsteinsee: Ew. 2 Euro, Kinder bis 11 Jahre frei.
Strand am Ruhlesee sowie großer Ostuferstrand am Bernsteinsee bewirtschaftet; Bernsteinsee Süd-/West-/Nordufer unbewirtschaftet.

Baden auf eigene Gefahr.

BAB 11 bis Abfahrt Lanke, von dort über Prenden nach Ruhlsdorf, in Ruhlsdorf auf Höhe der Kirche östlich via Sophienstädt einbiegen, nach gut 1 km liegt rechts der Bernsteinsee mit großem Parkplatz (gebührenpflichtig), links der Ruhlesee mit Wasserskianlage und Zufahrt zum Campingplatz.

Ab S Bernau Bus 890 (Mo–Fr) bzw. Bus 903 (Sa/So) bis ›Ruhlsdorf, Kiessee‹. Für die Fahrradmitnahme günstiger: Ab S Karow NE 27 (Heidekrautbahn) bis ›Ruhlsdorf-Zerpenschleuse/Bahnhof‹, von dort etwa 3 km. Fahrplaninfo: Heidekrautbahn Tel. 030/396 01 13 44, www.neb.de; Bus Tel. 033 34/23 50 03, www.bbg-eberswalde.de.

**Campingplatz Am Ruhlesee**, Biesenthaler Chaussee 24–25, 16348 Marienwerder/OT Ruhlsdorf, Tel. 033 37/45 16 35, www.wake-and-camp.de.

**Wasserskianlage** auf dem Campingplatz ›Am Ruhlesee‹, s.o.

*Abendstimmung am Bernsteinsee*

Tempelfelde
Freudenberg
Leuenberg
Langer See
Beiersdorf
Tiefensee
Mittelsee
Schönfeld
Gamensee
Werneuchen-Ost
Werftpfuhl
Wilmersdorf
Werneuchen
Hirschfelde
Seefeld
Wesendahl
Gielsdorf
Klosterdorf
Fängersee
Straussee
Strausberg-Nord
Wegendorf
Strausberg
Strausberg-Stadt
Atlandsberg
Bötzsee
Eggersdorf
Hegermühle
Rehfelde
Petershagen
Fredersdorf
Petershagen-Nord
Herrensee
Neuenhagen
Eggersdorf
Vogelsdorf
Stienitzsee
Hennickendorf
Hoppegarten
Birkenstein
Tasdorf
Lichtenow
Herzfelde
Rüdersdorf
Liebenberger See
Kagel
Schöneiche
Friedrichshagen
Kalksee
Bauernsee
Woltersdorf
Rahnsdorf
Möllensee
Finkenstein
Kranichsberg
Flakensee
Möllensee
Großer Müggelsee
Wilhelmshagen
Erkner
Grünheide
Peetzsee
Müggelspree
Werlsee
Fangschleuse
Müggelheim
Dämeritzsee
Hangelsberg
Langer See
Seddinsee
Große Krampe
Gamensee und Grünheider Seengebiet
0
2
4 km

# Östlich von Berlin – vom Gamensee zum Grünheider Seengebiet

Keine 20 Kilometer Luftlinie östlich der Berliner Stadtgrenze laden die Wassergrazien Stienitzsee, Bötzsee, Fängersee und Straussee mit schönen Stränden und Liegewiesen zum vergnüglichen Badespaß ein; nostalgisch-ostalgisch das Strandbad am Stienitzsee, mit Strandbad und herrlichen Waldbadeplätzen der Bötzsee, mit einer romantischen Waldbadestelle der Fängersee und schließlich der Straussee bei Strausberg mit einer historischen Badeanstalt. Nördlich geht das Strausberg-Eggersdorfer Seengebiet in den Gamengrund über, eine eiszeitliche Rinne, die die Barnim-Hochfläche durchschneidet und die wie Perlen an einer Schnur fast 20 Seen schmücken. Der im Wald gelegene Gamensee als der schönste und größte unter ihnen bietet neben einem größeren Badestrand einige idyllische Waldbadestellen.

Im Süden der Bundesstraße 1/5 setzt sich die Strandparade vom Kalksee bei Rüdersdorf/Wolterdorf über den Flakensee bis hin zum Dämeritzsee bei Erkner fort. Erkner wiederum bildet zugleich das Tor zum Grünheider Wald- und Seengebiet, das mit würzig duftenden Kiefernwäldern und riesigen öffentlichen Sandstränden am schönen Werlsee und Petzsee an heißen Sommertagen beinahe adriatische Atmosphäre aufkommen lässt.

## 51 Badestrand und Waldbadestellen am Gamensee

Der malerisch in Laubwald gebettete Gamensee ist der größte und zugleich tiefste Rinnensee im Gamengrund. An seiner schilfrohrgesäumten nordöstlichen Spitze bietet er eine Badegelegenheit, die besonders Campingfreunden sehr zu empfehlen ist. Auf dem weitläufigen Gelände des ›Country-Camping Tiefensee‹ fällt vor dem Gamensee eine über 3000 Quadratmeter große Liegewiese am Hang zu einem kleineren Stückchen Sandstrand ab, über den man sanft ins Wasser gelangt. Der See ist so schmal und das gegenüberliegende Ufer nur einen Steinwurf entfernt, dass es den Anschein hat, als könne man kurz hinüberspazieren. Doch bereits nach zwei, drei Metern seichtem Badebereich wird die Gewässerrinne unvermittelt tief.

Ein Bootssteg mit Ruderbootverleih, eine Wasserrutsche, am Strand ein kleiner Kinderspielplatz, ein paar Picknickbänke sowie ein abgetrennter FKK-Bereich zählen zur Ausstattung. Ein größerer Waldspielplatz, Tischtennis, ein Bolz- und ein Volleyballfeld und für die Kleinen sogar eine Tierwiese mit Ponys, Schafen und Ziegen finden sich oberhalb der Badewiese auf dem Campingplatz, zu dem auch der Badestrand gehört. Für seine Benutzung muss man deshalb ein geringfügiges Entgelt entrichten, dafür stehen einem aber auch die Serviceeinrichtungen auf dem Platz zur Verfügung. Ein Imbiss und das gutbürgerliche Lokal ›Waldschenke‹ sorgen für das leibliche Wohl.

Wer kleinen, unbewirtschafteten Waldbadestellen den Vorzug gibt, findet solche lauschigen Plätze zwischen Schilföffnungen bei einer Wanderung rund um den Gamensee. Man läuft stets durch Wald – am südlichen Seezipfel befindet sich noch einmal ein schmales Sandband mit kleiner Wiese – und hat nach gut anderthalb Stunden den Ausgangspunkt wieder erreicht.

### Strand und Waldbadestellen Gamensee

Schmiedeweg, 16259 Werneuchen/ OT Tiefensee. Ew. 2.50 Euro, Kinder 1.80 Euro.

Baden auf eigene Gefahr.

Ab Marzahn/Ahrensfelde auf der B 158 bis Tiefensee, am nördlichen Ortsausgang rechts in den Schmiedeweg einbiegen, dort liegt am Ende vor dem Campingplatz ein großer Wiesenparkplatz.

Ab Bahnhof Lichtenberg mit der ODEG-Bahnlinie OE 25 bis Werneuchen, von dort Bus 887 bis ›Tiefensee Dorf‹, die Adolf-Reichwein-Straße (B 158) nördlich hochlaufen (ca. 500 m), dann rechts in den Schmiedeweg einbiegen, weitere 500 m bis zum Campingplatz. Fahrplaninfo: ODEG Tel. 030/514888888, www.odeg.info; Bus Tel. 03334/235003, www.bbg-eberswalde.de.

**Country-Camping Tiefensee**, Schmiedeweg 1, 16259 Tiefensee, Telefon 033398/9014, www.country-camping.de. Weitläufiger gepflegter Platz unter hohen Kiefern, leicht terrassiert am Hang, ganzjährig geöffnet.

## 52 Badeanstalt am Straussee

Im Juni 1925 eröffnete in Strausberg am Straussee die historische Badeanstalt. Bereits in der Woche darauf fand mit 350 tüchtigen Sportlern das erste ›Große Schauschwimmen‹ statt. Kurz danach folgte im August 1925 erstmals das legendäre ›Strausseelängsschwimmen‹ über 3800 Meter, das bis heute seinen festen Platz im Strausberger Veranstaltungskalender hat. 1994, rechtzeitig vor ihrem 70. Jubiläum, erhielten die altehrwürdigen Holzbauten mit Abschluss der Sanierung ihre angestammten Farben zurück. Außen braun-gelb, innen blau-weiß, erstrahlen sie seitdem wieder im überlieferten Glanz.

Das Bad selbst ist klein. Die zur Seeseite hin u-förmigen Holzbauten umgeben einen keine 80 Meter langen, recht schmalen Sandstrand, an den sich links und rechts ebenso schmale Rasenstreifen anschließen. Davor greifen zwei breite Holzstege ins Wasser aus, die horizontal eine Doppelreihe von Stegen miteinander verbindet. Sie rahmen den kniehohen Kinderplanschbereich mit kleiner Rutsche ein.

Ins tiefe Wasser gelangt man von den Stegen über Badeleitern, oder man springt vom Ein-, Drei- und Fünf-Meter-

*In der Badeanstalt, im Hintergrund die Fähre*

▲ Karte S. 104

Turm oder rutscht auf der großen Wasserrutsche in den Schwimmerbereich. Der gepflegte Liegerasen ist zum Ufer hin mit einer relativ hohen, teils mit Holzdielen verkleideten Betonspundkante gefasst. Links neben dem Bad schließen sich Ruder- und Tretbootverleih sowie ein Imbiss mit Durchreiche zur Badeanstalt an.

## Seilfähre und Altstadt Strausberg

Schon seit 1894 pendelt die Strausberger Personen-Seilfähre über den Straussee. Heute legt sie die 350 Meter vom Ost- zum Westufer in sieben Minuten zurück und ist darüber hinaus eine besondere Attraktion: nämlich die europaweit einzige Fähre mit elektrischer Oberleitung.

Auch die Altstadt mit hübschen kopfsteingepflasterten Gassen lohnt einen Blick. Älteste Bauwerke dort sind die aus Feldsteinen errichtete Pfeilerbasilika St. Marien und die noch auf großen Abschnitten erhaltene Stadtmauer, beide aus dem 13. Jahrhundert.

### Badeanstalt am Straussee

Fichteplatz 2, 15344 Strausberg, Tel. 033 41/230 74, www.strausberger-baeder.de. Tgl. 9 Uhr bis Einbruch der Dunkelheit, Ew. 2.60 Euro, ermäßigt 2.10 Euro, Kinder 1.50 Euro, nach 16 Uhr reduzierter Eintritt.

**Touristeninformation**, August-Bebel-Straße 1, 15344 Strausberg, Telefon 033 41/31 10 66, www.stadt-strausberg.de, Mo–Fr 10–17 Uhr, Sa/So 10–16 Uhr, Zimmervermittlung.

DRK, Schwimmmeister.

BAB 10 Abfahrt Berlin-Marzahn oder L 33 über Marzahn, weiter über Altlandsberg, Eggersdorf nach Strauberg; oder über B 1/5 kurz vor Tasdorf nördlich nach Eggersdorf/Strausberg abbiegen, in Strausberg der Berliner Straße/August-Bebel-Straße in Richtung Altstadt folgen, kurz vor der Altstadt links (westlich) auf den Fichteplatz achten, dort ein großer Parkplatz (unter der Woche gebührenpflichtig), hinten links die Badeanstalt.

Ab S Strausberg-Stadt mit Bus 926, 927, 931, 966 oder Tram 89 bis ›Lustgarten‹, von dort die August-Bebel-Straße wenige Schritte südwärts zum Fichteplatz, dort links vor dem Seeufer sind die historischen Bauten der Badeanstalt bereits zu sehen. Fahrplaninfo: Bus Tel. 033 41/47 83 10, www.busmol.de; Tram Tel. 033 41/225 65, www.strausberger-eisenbahn.de.

**Bootsverleih** direkt neben der Badeanstalt, tgl. ab 10 Uhr, Ruder- und Tretboote.

**Strausberger Fähre**, an der Uferpromenade zwischen Altstadt und Badeanstalt. Fahrplaninfo: Tel. 033 41/225 65, www.strausberger-eisenbahn.de.

Abfahrt auf Stadtseite morgens 9.25 Uhr bis zum späten Nachmittag 17.25 Uhr im 30-Minuten-Takt, von Juni bis August verlängert bis abends 19.25 Uhr; Abfahrt Waldseite jeweils zehn Minuten später.

## 53 Strandbad Bötzsee

Im Wald eingebettet, schimmert das Wasser vom Bötzsee von glasklar bis türkis. Und wären da nicht die Hochspannungsmasten, deren Kabel quer über den See ziehen, könnte man meinen, es handele sich um ein kleines Stück märkisches Paradies.

Das Strandbad Bötzsee liegt am südwestlichen Seeufer am Ortsrand von Eggersdorf und bietet rund 5000 Quadratmeter Wiese und Sand. Über die gesamten 100 Meter Badlänge hinweg geleitet der Strand übergangslos ins Wasser, das am Anfang noch seicht, dann aber rasch tiefer wird. Das Ende des Nichtschwimmerbereichs ist durch Schilder markiert (›Nichtschwimmer halt‹). Auf alle Kinder, die noch zu klein zum Lesen sind, muss also aufgepasst werden.

*Strandbad Bötzsee*

Eine Badeinsel im Wasser, links am Strandende ein kurzer Bootssteg, Imbiss, WC und Umkleiden bilden die Einrichtung. Einen Bootsverleih findet man unmittelbar nebenan, ebenso wie die Eisdiele, deren Gartenterrasse mit Seeblick Teil vom Hotel ›Seeschloss‹ ist. Seit 1964 wird dort das ›beste Eis im Kreis‹, wie es weithin gerühmt wird, nach unverändertem Rezept hergestellt.

### Strandbad Bötzsee

Altlandsberger Chaussee, 15245 Eggersdorf, Tel. 033 41/482 52. Tgl. 7–21 Uhr, Ew. 2 Euro, ermäßigt 1.50 Euro, Kinder 6–16 Jahre 1 Euro, Kinder unter 6 Jahre frei.

DLRG, Schwimmmeister.

Anfahrt über BAB 10 Abfahrt Berlin-Marzahn oder L 33 über Marzahn, weiter über Altlandsberg nach Eggersdorf, dort auf der Altlandsberger Chaussee (L 33) auf die Ausschilderung ›Hotel Seeschloss‹ achten, hinter der kurzen Stichstraße zum Hotel liegt der Zugang zum Strandbad; ein großer Parkplatz befindet sich gegenüber an der Altlandsberger Chaussee.

Ab S Strausberg Bus 931 bis ›Eggersdorf, Mittelstraße‹, auf der Altlandsberger Chaussee gegenüber auf die Ausschilderung ›Hotel Seeschloss‹ achten, hinter der kurzen Stichstraße zum Hotel liegt der Zugang zum Strandbad. Fahrplaninfo: Telefon 033 41/ 47 83 10, www.busmol.de.

▶ Karte S. 104

**Hotel & Eiscafé Seeschloss**, Altlandsberger Chaussee 102, 15245 Eggersdorf, Tel. 033 41/484 25, www.hotel-seeschloss.de; DZ/F 58 Euro.

**Ruderbootverleih** direkt neben dem Strandbad, tgl. 10–18 Uhr.

## 54 Waldbadestellen am Bötzsee

Auf ungefähr sechs Kilometern Spazierweg lässt sich der Bötzssee umrunden. Folgt man ihm von der Laubenkolonie Postbruch am südöstlichen Ufer, mal nah am Wasser entlang und dann wieder als Höhenweg, zeigen sich bald darauf erste Badegelegenheiten für Handtuchgrößen von zwei bis vier Personen. Nach weiteren zehn bis fünfzehn Minuten in gemütlichem Gang ist eine größere, hübsch angelegte Badestelle erreicht. Auf Sandboden unter den Füßen geht es ins Wasser hinein. Aus Sand ist der Uferhang, den neben Baumwurzeln zusätzlich Holzbohlenreihen befestigen und so in eine Art Sandterrasse unterteilen. Wenige Schritte darauf folgt in einer winzigen Bucht die nächste größere Waldbadestelle mit einer urigen hölzernen Sitzbank. Weitere, dann wieder kleinere Badegelegenheiten schmücken den Weg bis zum Nordufer, wo an der Spitzmühle zwei Restaurants zur Einkehr einladen.

Gegenüber am Westufer, von Spitzmühle aus etwas schneller zu erreichen (1 km) als südlich vom Strandbad Bötzsee (1,5 km), liegen noch einmal zwei Waldbadeplätze: der erste in Form einer Lichtung mit Wiese und Waldboden und zwischen mächtigen Eichen einer etwa zehn Meter breiten Öffnung zum Wasser; der zweite folgt in ungefähr 50 Meter Entfernung und präsentiert sich als Minisandplatz, der oberhalb am Hang eine Liegemöglichkeit unter Kiefern, Birken und Eichen zu bieten hat.

*Am Ostufer des Bötzsees*

### Alte und Neue Spitzmühle

In Spitzmühle am nördlichen Bötzsee-Ufer liegt die Gaststätte-Pension ›Alte Spitzmühle‹ mit schöner Gartenterrasse zum See. Auf den Tisch kommen leckere Fischgerichte sowie Deftiges aus Topf und Pfanne. Zum anschließenden Abbau der Kalorienzufuhr steht ein Bootsverleih zur Verfügung.

Unweit entfernt serviert das Hotel-Restaurant ›Neue Spitzmühle‹ in gutbürgerlichem Ambiente Fischspezialitäten, Schnitzel, Roulade, Lamm; die Speiseterrasse bietet leider keinen Seeblick.

**Waldbadestellen am Bötzsee**

Baden auf eigene Gefahr.

Anfahrt zum Nordufer (Spitzmühle): BAB 10 Abfahrt Berlin-Marzahn oder L 33 über Marzahn, weiter über Altlandsberg, Eggersdorf nach Strausberg; oder über B 1/5 kurz vor Tasdorf nördlich nach Eggersdorf/Strausberg abbiegen. Wo zwischen Eggerdorf und Strausberg auf der Landstraße die Straße nach Strausberg abzweigt (ausgeschildert mit ›Strausberg Zentrum‹), geradeaus weiterfahren, knapp 800 m weiter links (westlich) in den Spitzmühlenweg einbiegen; der Weg führt um das schmale Nordufer des Bötzsees herum; kurz bevor er nach Süden abknickt, kommt ein Waldparkplatz, von diesem sind die Badeplätze am West- wie am Ostufer mit jeweils etwa 15 bis 20 Minuten Spaziergang gut zu erreichen.

Zu den Badestellen am Westufer (ca. 1,5 km Fußweg) am besten über Eggersdorf, Einstieg in den Uferweg am Strandbad Bötzsee (siehe Strandbad Bötzsee, S. 108); zu den Badestellen am Ostufer über die Datschen-Kolonie Postbruch (ca. 1 km Fußweg): Ab S Strausberg Tram 89 bis ›Strausberg, Wolfstal‹, Straße überqueren, neben der Tankstelle den Fußweg Richtung Umgehungsstraße nehmen, diese ebenfalls überqueren und weiter geradeaus in die Straße Postbruch hinein und dieser über gut 2 km folgen, bis sie am Bötzsee endet und der Uferweg nördlich zu den Badeplätzen beginnt (insgesamt gut 3 km Fußweg). Fahrplaninfo: Tel. 033 41/225 65, www.strausberger-eisenbahn.de.

**Gaststätte/Pension Alte Spitzmühle**, Spitzmühlenweg 1, 15344 Strausberg, Telefon 033 41/222 63, DZ/F 35 Euro, Di–So ab 12 Uhr.

**Hotel-Restaurant Neue Spitzmühle**, Spitzmühlenweg 2, 15344 Strausberg, Tel. 033 41/3 31 90, www.spitzmuehle.info, DZ/F 67–77 Euro.

## 55 Waldbadestelle am Fängersee

▶ Karte S. 104

Ein nur etwa 500 Meter breiter Landstreifen – die Spitzmühle – trennt den Bötzsee vom nördlich gelegenen Fängersee. Wie der Bötzsee liegt der Fängersee mitten im Wald, beide Seen gehören derselben eiszeitlichen Rinne an, beide schmücken sich mit grüner Natur, und um beide führt ein Wanderrundweg herum. So haben die zwei kristallklaren Gewässer vieles gemeinsam, mit einem

Unterschied: Die Ufer des Fängersees sind weitgehend versumpft, und besonders im Süden bei Spitzmühle dehnen sich mannshohe, dichte Schilfgürtel aus.

Der östliche Uferwanderweg von Spitzmühle aus verläuft daher auch meist auf halber Höhe am Uferhang. Zwischen 20 und 30 Minuten spaziert man je nach Laufgeschwindigkeit, bis man die Waldbadestelle am Nordostufer erreicht. Sie erstreckt sich 30 bis 40 Meter breit über den relativ steilen Hang. Oberhalb vom Wanderweg, von Kiefern, Birken und Erlen umkränzt, hat man den lockeren Wald-, Gras- und Sandboden mithilfe von Holzbohlen leicht terrassiert, was dem Badeplatz insgesamt die Erscheinung einer Naturtribüne verleiht. Unterhalb vom Weg läuft der Hang sanft zum Wasser hin aus, in das man auf weichem Sandboden hineingleiten kann. Nach ein paar Schwimmzügen wird der See recht schnell tief. Extra mit Leinen oder Bojen gesicherte Schwimmbereiche gibt es keine, ebenso wenig irgendwelche Serviceeinrichtungen an Land. Einziges Utensil ist eine verwitterte Picknickbank unten vor dem Wasser im Sand. Ansonsten geht der Blick rundum auf stille Natur. Und vielleicht könnte man sogar das Summen der Insekten vernehmen, würde nicht ein unaufhörliches Gekläffe vom Wesendahler Tierheim am Westufer gegenüber über den See schallen.

Für die Einkehr nach dem Badevergnügen bieten sich die Gaststätte ›Alte Spitzmühle‹ und das Restaurant ›Neue Spitzmühle‹ auf dem Landstreifen zwischen Fänger- und Bötzsee an. Das Ausflugslokal ›Wesendahler Mühle‹ am Nordufer des Fängersees hat leider geschlossen, und eine Wiedereröffnung ist ungewiss.

*Die Neue Spitzmühle zwischen Bötzsee und Fängersee*

**Waldbadestelle am Fängersee**

Baden auf eigene Gefahr.

Nach Spitzmühle: siehe Info-Kasten zum Bötzsee (S. 108); in Spitzmühle wie unter ›Auto‹ beschrieben.

Anfahrt nach Spitzmühle: siehe Info-Kasten zum Bötzsee (S. 108); in Spitzmühle noch vor dem Hotel-Restaurant ›Neue Spitzmühle‹ den Weg nach Norden nehmen; an ein paar Datschen vorbei wird er kurz danach zum Waldweg, der in ca. 20–30 Minuten zur Badestelle am Nordostufer führt.

**Gaststätte/Pension Alte Spitzmühle,** Spitzmühlenweg 1, 15344 Strausberg, Tel. 033 41/222 63, Di–So ab 12 Uhr, DZ/F 35 Euro.
**Hotel-Restaurant Neue Spitzmühle,** Spitzmühlenweg 2, 15344 Strausberg, Tel. 033 41/331 90, www.spitzmuehle.info, DZ/F 67–77 Euro.

Bootsverleih in der ›Alten Spitzmühle‹, s.o.

## 56 Strandbad Stienitzsee

Mit einer Ausdehnung von 220 Hektar ist der Stienitzsee bei Hennickendorf das größte Gewässer im Landkreis Märkisch-Oderland. Er blickt als Sommerfrische auf eine lange Geschichte zurück und war bis zur Wende ein beliebter Badesee im Osten Berlins. Noch in den 1970er Jahren legten die Dampfer der Weißen Flotte am Stienitzseeufer an, um Scharen von Berlinern am beliebten Ausflugslokal ›Seebad Stienitzsee‹ auszuladen. Doch mittlerweile ist es am See still geworden, und die teilweise verfallenden Anlagen verströmen besonders an Tagen, an denen die Sonne nicht mit voller Kraft vom Himmel scheint, Melancholie.

Das Strandbad am Ostufer umweht ein morbider Charme. Vom Imbiss mit klei-

*Speiseterrasse mit Seeblick im Strandbad Stienitzsee*

▲ Karte S. 104

ner Sonnenterrasse fällt der Hang steil zum Wasser ab, vor dem schlauchförmig eine bald 200 Meter lange, kaum 30 Meter breite Liegefläche verläuft. Ein Drittel davon ist Sand, zwei Drittel grüne Wiese, über die sich hohe Bäume verstreuen.

Den Sandstrand mit einem verwitterten Volleyballnetz beschließt eine alte Ziegelsteinmauer, hinter der Schornstein und Dächer einer verlassenen Fabrik aufragen. Verrostete Metallbänke säumen den Sand, in dessen Mitte sich eine Lagerfeuerstelle schwarz eingebrannt hat. Vorne am Wasser sichert ein Lattenzaun die busch- und baumbewachsene steile Uferböschung. Wo sie abgerutscht ist, hat sich ein Badezugang über Sandboden ergeben. Den offiziellen Wasserzutritt bildet in der anschließend betongefassten Uferkante eine gut 20 Meter breite Steintreppe, deren letzte Stufe bereits unter dem Wasserspiegel liegt. Am Bootssteg werden ein Ruderboot und zwei Motorboote verliehen.

**Strandbad Stienitzsee**

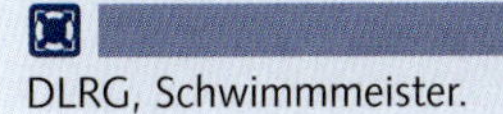

Berliner Straße, 15378 Hennickendorf, Tel. 033434/7281. Mo–Fr ab 10 Uhr, Sa/So ab 9 Uhr, Ew. 1.50 Euro, Kinder 6–18 Jahre 1 Euro, Kinder bis 6 Jahre 0.50 Euro.

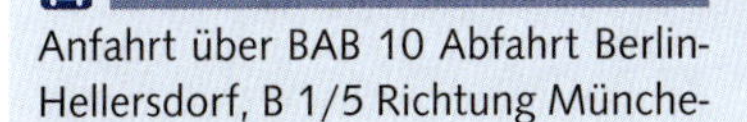

DLRG, Schwimmmeister.

Anfahrt über BAB 10 Abfahrt Berlin-Hellersdorf, B 1/5 Richtung Müncheberg, von der Bundesstraße kurz nach Tasdorf nördlich in die Berliner Straße nach Hennickendorf einbiegen, nach etwa 2 km am Hinweisschild zum Strandbad einbiegen, vor dem Bad ein großer gebührenpflichtiger Parkplatz.

Ab S Strausberg Bus 950 bis ›Hennickendorf Dorf‹, von dort die Berliner Straße nach Westen gehen, nach etwa 1,5 km kommt rechts die Stichstraße zum Strandbad (ausgeschildert). Fahrplaninfo: Tel. 03341/478310, www.busmol.de.

## 57 Strandbad Erkner am Dämeritzsee

Mitten im Dämeritzsee verläuft die Landesgrenze zwischen Berlin und Brandenburg. Das Strandbad mit seiner über 7000 Quadratmeter großen grünen Liegewiese am nordöstlichen Seeufer wird von der Gemeinde betrieben und ist ohne Eintritt frei zugänglich. Ein etwa 30 Meter langes Sandband vor dem See dient zum Buddeln und als sanfter Badeeinstieg, über den es dann aber recht schnell ins tiefere Wasser geht. Leinen sichern den Nichtschwimmerbereich, weiter draußen kennzeichnen Bojen die Fahrrinne vor dem Ende des Schwimmerbereichs. Ein Toilettenhäuschen, einige Metallbänke und die gepflegte Wiese zeigen die mit Blick auf den klammen Gemeindesäckel zeitweise sicher nicht einfachen, gleichwohl erfolgreichen Bemühungen Erkners an, das Strandbad bisher für jedermann zugänglich zu halten und das Grundstück nicht verkaufen zu müssen.

## Sehenswürdigkeiten in Erkner

Zwischen 1885 und 1889 wohnte der Schriftsteller Gerhart Hauptmann in Erkner. Sein Haus, die Villa Lassen, ist heute Sitz des Gerhart-Hauptmann-Museums. Neben dem Originalwohnzimmer des Literatur-Nobelpreisträgers zählt ein großer Teil der Bibliothek Hauptmanns zur Sammlung.

Im ältesten Haus Erkners, 1761 erbaut, ist das Heimatmuseum untergebracht. In sechs Räumen verleiht es einen Überblick über die wesentlichen Ereignisse in der Stadtgeschichte.

*Im Strandbad Erkner*

### Strandbad Erkner

Straße zum Freibad, 15537 Erkner. **Touristeninformation**, Friedrichstraße/Ecke Beusstraße, 15537 Erkner, Tel. 033 62/74 03 18, www.tourismusverein-erkner.de, Mo, Di, Do u. Fr 10–18 Uhr, Mi 11–18 Uhr, Sa/So 10–16 Uhr, Zimmervermittlung.

Baden auf eigene Gefahr.

Anfahrt über Fürstenwalder Allee/Berliner Straße: von Westen kommend die letzte Straße (Hagenstraße) vor dem Kreisel rechts einbiegen, diese runter und in die Straße am Dämeritzsee einschwenken, bis zum Ende durchfahren, dort am Nebeneingang zum Strandbad Parkmöglichkeiten am Straßenrand (am Haupteingang zum Freibad keine Parkgelegenheiten).

Ab S Erkner die Bahnhofsstraße unter den Gleisen hindurch bis zum Kreisel

▶ Karte S. 104

laufen, ab dort wie unter ›Auto‹ beschrieben, oder über die Straßen ›Hessenwinkel‹/›Zum Freibad‹.

**Gerhart-Hauptmann-Museum**, Gerhart-Hauptmann-Straße 1–2, 15537 Erkner, Tel. 03362/3663, www.gerhart-hauptmann.org, Di–So 11–17 Uhr.

**Heimatmuseum Erkner** (Museumshof am Sonnenluch), Heinrich-Heine-Straße 17/18, 15537 Erkner, Tel. 03362/22452, Mi, Sa/So 13–17 Uhr.

## 58 Badewiese ›Am Film‹ am Kalksee

Seit über 750 Jahren wird in Rüdersdorf Kalk abgebaut, und auch der Kalksee begann sein Dasein einmal als Kalktagebau. Der Aufschluss zwischen Woltersdorf und Rüdersdorf wurde später geflutet. So entstand der Kalksee, der sein strahlend blaues und klares Wasser seinem kalkhaltigen Seeboden verdankt. So klar ist es, dass sich an seinem westlichen Woltersdorfer Ufer neben der Badewiese eine Tauchschule eingerichtet hat.

Dass die etwa 150 Meter lange Wiese ›Am Film‹ heißt, verdankt sie der Zeit, als die UFA-Traumfabrik auf ihrem Außengelände in Woltersdorf Kinogeschichte schrieb. Über 50 Filme wurden in den gewaltigen Kulissen am Kalkseeufer gedreht.

Heute liegt man bequem auf einem rund 30 Meter breiten Streifen aus Wiese und Sand, entweder prall in der Sonne, oder im Halbschatten der Bäume, und gelangt über sandige Miniöffnungen zwischen Böschung und Schilf ins erfrischende Nass. Der Blick fällt gegenüber auf den grünen Hang am Ostufer, den das Krankenhaus Rüdersdorf krönt. Rückwärtig schließt sich an den Wiesensandstrand ein mit einem Mäuerchen gefasster, höher liegender Wiesenbereich an. Von einer langen Baumreihe geschmückt, bildet er quasi den ›2. Rang‹, der sich erst füllt, wenn unten das ›Parkett‹ am See ausgebucht ist. Ein Imbiss sorgt für Speis' und Trank.

*Badewiese ›Am Film‹*

## Krokodile in Woltersdorf

Kaum zu glauben, aber wahr – der ›Tiger von Eschnapur‹, wie wir ihn aus dem Kino kennen, durchstreifte in Wirklichkeit märkischen Sand. Von 1919 bis 1921 ließ der Filmpionier, Regisseur und Produzent Joe May am Kalkseeufer eine knapp 30 Fußballfelder große Kulissenstadt aus dem Boden stampfen, damals eine der größten Europas. Stummfilm-Straßenfeger wie ›Herrin der Nacht‹ nach einem Drehbuch von Fritz Lang oder der Zweiteiler ›Das indische Grabmal/Der Tiger von Eschnapur‹ nach dem gleichnamigen Roman Thea von Harbous wurden am Kalksee von Regisseur May auf Zelluloid gebannt.

Dazu schwammen eigens aus dem Berliner Zoologischen Garten geliehene Krokodile in einem Becken im See. An Land fauchten Indische Tiger aus Hagenbecks Tierpark, und Elefanten stampften durchs Gras, die der Zirkus Sarrasani zur Verfügung gestellt hatte. Am Seeufer erhoben sich ein riesiger Maharadscha-Palast sowie zwei Gopura-Tempel, und eine imposante Freitreppe führte zum Wasser hinab. Hunderte Filmarbeiter und Tausende Statisten in exotischen bunten Kostümen bevölkerten Woltersdorf. Allein das ›Indische Grabmal‹ soll die für die damalige Zeit ungeheure Summe von 20 Millionen Mark verschlungen haben.

Von der einst prächtigen Kulissenstadt ist schon lange nichts mehr zu sehen. Doch der Name der Badewiese am Kalksee erinnert noch an die legendäre Stummfilmwerkstatt. Und wenn es in Woltersdorf heute heißt: ›Komm, wir gehen zum Film‹, ist damit nicht etwa ein Casting oder ein Probesprechen gemeint, sondern die Badewiese ›Am Film‹ und der Sprung dort ins erfrischende Nass.

*An der Schleuse in Woltersdorf*

**Badewiese Am Film**

Richard-Wagner-Straße, 15569 Woltersdorf.

Baden auf eigene Gefahr.

Anfahrt über BAB 10 Abfahrt Rüdersdorf bzw. B 1/5 über Rüdersdorf nach Woltersdorf; nach der Überquerung des Stolpkanals zwischen Rüdersdorf und Woltersdorf der Rüdersdorfer Straße (L 30) folgen, nach gut 1 km links (südlich) in die Sebastian-Bach-Straße einbiegen, diese bis zum Ende durchfahren, dann ist die Badewiese mit kleinem Parkplatz davor bereits in Sichtweite.

Ab S Erkner Bus 950 bis ›Woltersdorf, Kühler Grund‹, in die Sebastian-Bach-Straße einbiegen und bis zum Ende durchlaufen, dann ist die Badewiese bereits zu sehen. Fahrplaninfo: Tel. 033 41/47 83 10, www.busmol.de.

**Tauchschule**, Telefon 01 77/387 74 34, www.tauch-rausch.de, Sa 11–19 Uhr, So 11–17 Uhr.

## 59 Schwarzer Stubben/Weißer Strand

Am östlichen Flakenseeufer, einen guten Kilometer von der Woltersdorfer Schleuse entfernt, dehnt sich vor einer tiefgrünen Waldkulisse der Strand am ›Schwarzen Stubben‹ aus. Bei gleißendem Sonnenschein strahlt der Sand nahezu weiß, weshalb der Schwarze Stubben auch ›Weißer Strand‹ genannt wird. Der große Sandhang fällt mitten im Wald auf einer Fläche von hundert mal hundert Metern sanft zum Flakensee ab und bildet vor den Toren Berlins ein bisschen Sahara mit Badestrand. Vorne vor dem Wasser magere Gräser und vereinzelt sogar mal ein Busch oder Baum unterbrechen als grüne Kleckse den Sand. Wer Schatten sucht, findet ihn oben am Hang unter Eichen, mit wunderbarer Aussicht über den See, und weiter unten auf Wiesenflecken, die nördlich vom Strand mit lichtem Baumbestand schließlich in Wald übergehen. Zwischen der verkrauteten Uferböschung führen 10 bis 15 Meter breite Öffnungen auf weichem Sandboden ins kühle Nass. Es wird rasch tief, nach 10 Metern steht ein Erwachsener bis zur Brust im See. Auch schützen weder Leinen noch Bojen vor den kreuzenden Motorbooten. Kleine Kinder sollte man deshalb nur mit Schwimmflügeln ins Wasser lassen und sie außerdem gut im Auge behalten.

Und auch der Picknickkorb muss gepackt werden, denn am Strand sind weder Kiosk noch Imbiss in Sicht. Auf dem Campingplatz Flakensee nebenan im Kiefernwald steht eine kleine Gastronomie zur Verfügung, die allerdings nicht regelmäßig geöffnet hat. Hübsche Ausflugslokale finden sich in Woltersdorf rund um die Schleuse.

### Woltersdorfer Schleuse und Kranichsberg

Die historische Tramlinie 87 verbindet seit 1913 den S-Bahnhof Rahnsdorf mit der Schleuse in Woltersdorf und hat dem Ort den Titel ›kleinste Gemeinde Deutschlands mit eigener Straßenbahn‹

*Der Weiße Strand am Flakensee*

eingetragen. Auf sogar fast 500 Jahre blickt mittlerweile die Woltersdorfer Schleuse zwischen Kalksee und Flakensee zurück – allerdings nicht mehr das Original, sondern mittlerweile die dritte Nachfolgerin, seit 1860 von einer Klappbrücke überspannt. Rund um die Schleuse finden sich an der Promenade hübsche Cafés und Gartenlokale, von denen man den Lastkähnen, Seglern und Paddlern auf dem Weg zur Schleuse zugukken kann.

Nur einen kurzen steilen Wanderweg entfernt erhebt sich auf dem 105 Meter hohen Kranichsberg seit 1962 der Woltersdorfer Aussichtsturm. Er bietet eine herrliche Aussicht weit über Wasser und Land sowie eine kleine Ausstellung, die an Woltersdorfs glänzende Stummfilmtage erinnert.

### Schwarzer Stubben/Weißer Strand

Fangschleusenstraße, 15569 Woltersdorf.

Baden auf eigene Gefahr.

Anfahrt nur von Norden her über Woltersdorf Schleuse möglich: über BAB 10 Abfahrt Rüdersdorf bzw. B 1/5 Richtung Rüdersdorf, in Rüdersdorf-Ortszentrum weiter über Rüdersdorf-Seebad/Krankenhaus Rüdersdorf (Kalksee/Ostufer) bis Woltersdorf Schleuse; aus südlicher Richtung (Erkner) über die Woltersdorfer Straße/Schleusenstraße (L 30) bis Woltersdorf Schleuse; östlich der Schleuse zunächst in die Buchhorster Straße, rechts in die Fangschleusenstraße, nach einer kurzen Strecke durch den Wald ist der Badestrand auf Höhe des verfallenden Spaß-Etablissements ›Wodo-Camp‹ bereits zu sehen; Parkplätze gibt es am Straßenrand.

▲ Karte S. 104

Ab S Rahnsdorf mit der historischen Tramlinie 87 bis ›Woltersdorf, Schleuse‹, über die Schleusenbrücke zum Ostufer gehen, von dort wie unter ›Auto‹ beschrieben (insgesamt etwa 1200 m zu Fuß).

Fahrplaninformationen: Tel. 033 62/ 88 12 30, www.woltersdorfer-strassenbahn.de.

**Campingplatz Flakensee**, Fangschleusenstraße 40, 15569 Woltersdorf, Tel.033 62/88 83 57, www.campingplatz-flakensee.de.

**Woltersdorfer Aussichtsturm**, Auf dem Kranichsberg, Mo–Fr 9.30–15.30 Uhr, Sa/So 10–17 Uhr.

## 60 Badestrand am Werlsee-Nordufer

Nur quasi einen Katzensprung östlich von Erkner beginnt die Grünheider Seenkette. Über Kanäle und die Löcknitz, die bei Erkner in den Flakensee mündet, sind sie miteinander verbunden. Das Grünheider Ortszentrum liegt rund um die schmale Landbrücke zwischen Werlsee und Peetzsee, an denen sich auch die großen Badestrände erstrecken.

Der größte von ihnen dehnt sich auf der Sonnenseite am Nordufer des Werlsees auf über 25 000 Quadratmetern Sand, Wiese und Kiefernheide aus. Er ist riesig nicht nur im topografischen Sinne, sondern auch was das Badevergnügen betrifft. Bevor die weitläufige Sandfläche sanft zum Wasser abfällt, bietet sie oberhalb bereits Raum für mehrere Ballspielfelder, eine Strandbar am Waldesrand sowie schier unzählige Plätzchen zum Sonnenbaden. Unten öffnet sich der sonnige Sandhang auf etwa 40 Metern Länge zum See, daneben finden sich auf dem ausgedehnten Areal weitere kleine Badezugänge: lauschig zwischen Schilf und Böschung geschmiegt, mit waldumrahmten Grasinselchen, die Platz für mal zwei, mal für vier, mal bis zu zehn Badegäste bieten. Im Wasser wird es schnell tief, nach 20 bis 25 Metern verliert man bereits den Grund unter den Füßen.

An den weitläufigen Sandstrand schließt sich ein nicht weniger großer Liegebereich auf Moos, Gras und Waldboden an. Knorrige alte Kiefern, Büsche und kleine Gehölze schaffen abgeschirmte, verschwiegene Plätze, allerdings ohne Seeblick, den der Uferwald hier nicht freigibt. Dieser Teil des Geländes wird besonders gerne zum hüllenlosen Sonnen genutzt. Es ist aber kein Muss, überall am Badestrand kann jeder an- oder auslassen, was und wie's ihm gefällt.

Die Strandbar oben am Waldrand serviert selbstgemachte Eintöpfe wie Kes-

*Badestrand am Nordufer des Werlsees*

selgulasch, Linsen- und Texastopf. Eis, kühle Getränke, kleine Snacks und Bockwurst gibt's selbstverständlich auch, aber keine Pommes Frites! Zum herrlichen Blick von der Holzterrasse auf den Werlsee spielt Reggae, Hiphop, Pop. Später am Abend werden Cocktails gemixt, und den aufgehenden Mond untermalen Dance, Trance, Electronic und Buddha-Musik.

**Badestrand am Werlsee-Nordufer**

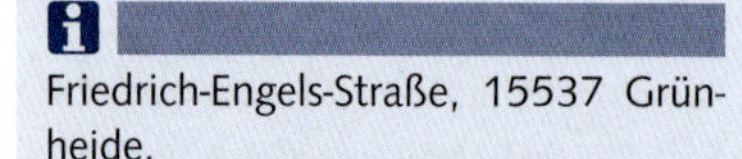

Friedrich-Engels-Straße, 15537 Grünheide.

Baden auf eigene Gefahr.

Anfahrt über BAB 10 bis Abfahrt Erkner/Grünheide, weiter auf der L 23 Richtung Grünheide und nach gut 1 km durch den Wald auf den Wegweiser ›Strandbar disati‹ achten (noch vor dem Ortsschild Grünheide), dort direkt einbiegen, nach wenigen Metern ist der Parkplatz vor dem Badestrand erreicht; auf der gegenüberliegenden Straßenseite ein weiterer großer Parkplatz.

Ab S Erkner Bus 429 oder 436 bis ›Grünheide, Marktplatz‹, von dort wenige Schritte zurück zur Friedrich-Engels-Straße (L 23), in diese westlich einbiegen und ihr 1 km folgen, das letzte Stück durch den Wald; am Wegweiser ›Strandbar disati‹ in die Sandpiste einbiegen, kurz darauf folgt ein Waldparkplatz und dahinter der Badestrand.

Alternativ RE 1 bis Bhf. Grünheide-Fangschleuse‹, von dort mit dem Bus 429 oder 436 bis ›Grünheide, Marktplatz‹, ab dort s.o. Fahrplaninfo: Tel. 03361/55610, www.bos-fw.de.

**Hostel disati**, Feldstraße 1, 15537 Grünheide, Telefon 03362/590067, www.hostel-disati.de; DZ 23 Euro, Mehrbettzimmer 14–20 Euro. 150 m vom Badestrand entfernt, mit Kanu- und Fahrradverleih.

## 61 Badestrand am Werlsee-Südufer

▶ Karte S. 104

Der waldumrahmte Badestrand am südlichen Werlseeufer ist die familienfreundliche Alternative zum coolen Nordduferstrand. Gute 2500 Quadratmeter feiner weißer Sand bedecken den Uferhang, der im sanften Schwung zum Wasser hinabzieht und den Blick auf die mitten im See schwimmende kleine grüne Insel Lindwall freigibt. Daran schließen sich weitläufige schattige Flächen unter Kiefern auf weichem Gras und Waldboden an, wo es eher ruhiger zugeht. Am Seeufer unten im Sand rechts ein Klettergerüst und links ein Kinderspielplatz, geht es über zwei bis zu zehn Meter breite Öffnungen in der niederen Böschung ins Wasser hinein. Auch hier gilt wie am Nordstrand: Es wird ziemlich schnell tief, nach zehn Metern etwa hat das Wasser den Bauchnabel eines Erwachsenen erreicht.

Oberhalb vom Strand bereitet das Strand-Bistro ›China Garten‹ neben der unverzichtbaren Sommersonnenstrandspeise Bratwurst und Pommes Frites auch kleine asiatische Gerichte zu.

*Am Südufer des Werlsees*



**Badestrand am Werlsee-Südufer**

Am Eichbrand, 15537 Grünheide.

DLRG.

Anfahrt über BAB 10 bis Abfahrt Erkner/Grünheide, weiter Richtung Fangschleuse (L 38), in Fangschleuse der Hauptstraße durch den Ort folgen, kurz nach dem Ortsende ist links der Parkplatz vor dem Badestrand bereits zu sehen.

Ab S Erkner Bus 429 oder 436 bis ›Fangschleuse, Eichbrand‹, von dort wenige Schritte zum Parkplatz vor dem Badestrand; oder RE 1 bis Bhf. Grünheide-Fangschleuse, von dort mit dem Bus 429 oder 436 bis ›Grünheide, Kreuzung‹, dort westlich in die abknickende Vorfahrtstraße einbiegen, noch etwa 1 km zu Fuß. Fahrplaninfo: Tel. 03361/55610, www.bos-fw.de.

**Strand-Bistro China Garten**, Am Eichbrand 4, 15537 Grünheide, Telefon 03362/885142, tgl. 10–20 Uhr.

## 62 Badestrand am Reiherhorst, Peetzsee-Südufer

Wer die Wahl hat, hat die Qual. Während der Badestrand am südlichen Werlseeufer viel Schatten im Kiefernwald bietet, wartet das nahe Südufer des Peetzsees am Hang mit einer rund 5000 Quadratmeter großen, sonnendurchfluteten Sandpiste auf: schattenlos, sandig, strandig und umrandet von einem Kiefern- und Eichenhain, wo sich schließlich auch kühlere Wald- und Wiesenliegeplätzchen ausmachen lassen. Über beinahe die gesamte Strandlänge hinweg bietet sich ein übergangsloser Badezugang. Eine Leine grenzt im Wasser in zehn Meter Entfernung den Planschbereich ein, und dicke gelbe Bojen weiter draußen im See markieren das Ende des Schwimmerbereichs. Linkerhand schließt sich vor dem Strand eine große Steganlage zum Sonnenbrutzeln und In-den-See-Hüpfen an. Bei schönem Badewetter kommt oben an der Straße ein Eiswagen vorbei. Und das schmale Asphaltband ein paar Schritte nach Osten ist der Imbiss vom nahen Campingplatz für strandgerechte Verpflegung schnell erreicht.

### Das Karma am See

Am Hang oberhalb vom südwestlichen Petzseeufer bereitet das Restaurant ›Karma am See‹ verfeinerte deutsche und mediterrane Gerichte zu; drinnen im stilvollen Ambiente und draußen auf der schönen Gartenterrasse. Eine Terrasse tiefer lädt ein Biergarten mit deftiger kleiner Küche zum kühlen Blonden ein. Dort am Steg kann man sich auch ein Ruder- oder Tretboot ausleihen. Oder man besteigt ein Schiff der Reederei Kutzker, das am ›Karma‹-Steg anlegt. Zweimal am Tag, einmal vormittags, einmal am späten Nachmittag, befördern die Ausflugsdampfer ihre Passagiere im Linienbetrieb ab Köpenick/Lindenstraße über den Müggelsee, Dämeritzsee, Löcknitz-Idyll und Fangschleuse (Werlsee) zur Station ›Karma am See‹ und weiter nach Grünheide ›Seegarten‹.

**Strand am Peetzsee-Südufer**

Am Schlangenluch, 15537 Grünheide.

DLRG.

Anfahrt über BAB 10 bis Abfahrt Erkner/Grünheide, weiter Richtung Fangschleuse (L 38), auf der Hauptstraße durch den Ort durchfahren bis ›Grünheide, Kreuzung‹ (eine Kreuzung im Wald), dort nicht der abknickenden Vorfahrt folgen, sondern links via Grünheide einbiegen, die nächste Straße nach dem Ortsschild gleich wieder rechts und dem Wegweiser zum Campingplatz folgen; der Badestrand liegt auf Höhe der Campingplatz-Rezeption, Parkplätze befinden sich etwa 200 m östlich davon auf dem Seitenstreifen am Straßenrand.

Ab S Erkner Bus 429 oder 436 bis ›Grünheide, Kreuzung‹, nach 100 m auf Höhe des Ortsschild Grünheide östlich in die Straße Am Schlangenluch einbiegen, dem Wegweiser zum Campingplatz folgen, nach gut 1 km liegt der Badestrand auf Höhe der Campingplatz-Rezeption am See; oder RE 1 bis Bhf. Grünheide-Fangschleuse, von dort mit dem Bus 429 oder 436 bis ›Grünheide, Kreuzung‹, ab dort s. o. Fahrplaninfo: Tel. 033 61/556 10, www.bos-fw.de.

**Campingplatz Grünheider Ferienpark**, Am Schlangenluch 34, 15537 Grünheide, Tel. 033 62/61 20, www.camping-gruenheide.de.

▶ Karte S. 104

**Seewirtschaft/Restaurant Karma am See**, Karl-Marx-Straße 5 (kurz nach der Brücke über den Durchstich zwischen Werlsee und Peetzsee), 15537 Grünheide, Tel. 03362/887625, www.karma-am-see.de.

**Reederei Kutzker**, Waldpromenade 10, 15537 Grünheide, Telefon 03362/6251, www.reederei-kutzker.de.

## Südlich von Berlin – das Dahme-Seengebiet

Kiefernheide, Sand und Wasser sind die Kennzeichen des Dahme-Seengebiets. Vom Baruther Urstromtal her schlängelt sich die kleine Schwester der Spree durch das Land, das zahlreiche Seen schmücken, die zu den schönsten Wassersportrevieren im Süden Berlins zählen. Ob Krimnick- oder Lankensee bei der Kreisstadt Königs Wusterhausen, ob

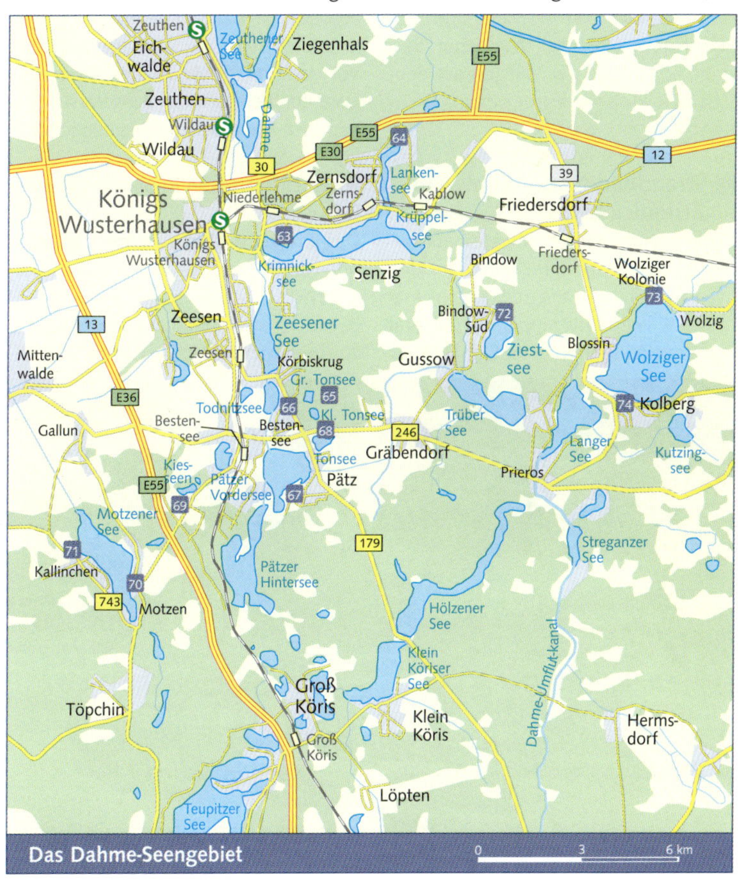

Das Dahme-Seengebiet

Wolziger See im Südosten oder Motzener See im Südwesten – sie laden zum Segeln, Rudern und Paddeln sowie mit kleinen Sandstränden und großen Badewiesen zum sommerlichen Badevergnügen ein. Die von der letzten Eiszeit vor über 12 000 Jahren geschaffenen Naturseen werden durch eine stattliche Zahl an Kies- und Tonseen ergänzt, die in den vergangenen 150 Jahren infolge des immer größer werdenden Baustoffhungers der Millionenmetropole Berlin entstanden. Heute gehören sie, wie etwa die Tonseen bei Körbiskrug, zu den beliebtesten FKK-Seen weit und breit. Am nördlichem Ufer des Motzener Sees stand sogar eine der Wiegen der deutschen Freikörperkulturbewegung.

## 63 Strandbad Neue Mühle am Krimnicksee

Östlich vom Königs Wusterhausener Stadtzentrum, wo die Dahme auf dem Weg zur Schleuse aus dem Krimnicksee ausfließt, liegt das knapp 3000 Quadratmeter große Strandbad im Ortsteil Neue Mühle am See. Der lange gepflegte Rasen mit Teilschatten unter hohen Bäumen ist gartenähnlich gestaltet. Vorne am Wasser gibt die in Stein gefasste Uferkante, von der Badeleitern ins Wasser führen, auf ungefähr zehn Meter Länge ein Stückchen Sandstrand frei. Er leitet auf sanftem Weg ins Wasser. Der seichte Planschbereich ist durch eine Leine gesichert, den danach zügig tief werdenden Schwimmerbereich grenzen Bojen zur Schifffahrtrinne hin ab. Beachvolleyball, Tischtennisplatten und ein Spielplatz runden das Angebot ab, eine besondere Attraktion stellt die nicht steile, aber riesig lange Wasserrutsche dar. Vor dem Imbiss mit kleiner Sonnenterrasse greift ein Betonsteg ins Wasser, wo man sich Ruderboote ausleihen kann.

### Sehenswertes in Königs Wusterhausen

Das Königs Wusterhausener Schloss ist untrennbar mit dem Soldatenkönig Friedrich Wilhelm I. verbunden. 1698 bekam er es als zehnjähriger Kronprinz zur Weihnacht geschenkt, und Zeit sei-

Karte S. 123

*Strandbad Neue Mühle*

*Das angestrahlte Schloss Königs Wusterhausen am Abend*

nes Lebens bewohnte er es mehrere Monate im Jahr.
Im 19. Jahrhundert ließ es König Friedrich Wilhelm IV. umbauen. Ab 1927 fungierten die Gemäuer als Museum, zu DDR-Zeiten dienten sie zunächst als Sitz einer sowjetischen Nachrichteneinheit, ab 1964 dann als Sitz für den Rat des Kreises.
Nach der Wende und anschließenden umfassenden Sanierungsarbeiten konnte das Schloss im September 2000 wiedereröffnen. Zu besichtigen sind mit Mobiliar und Gemälden der ersten Hälfte des 18. Jahrhunderts ausgestattete Räume, so wie sie die preußischen Könige einst bewohnten.
In den Kavalierhäusern auf dem Gelände speist man im Schlossrestaurant zum hausgebrauten, obergärigen ›Wustenhausener Zwölfender‹ gehobene regionale Küche, insbesondere Wild- und Fischspezialitäten; in der Zuckerbäckerei kann man Brot aus dem hauseigenen Backofen und köstliche Kuchen erstehen.
Nur einen Steinwurf vom Schloss entfernt erzählt das Heimatmuseum in Wort und Bild die Geschichte der Stadt.

### Strandbad Neue Mühle

Küchenmeisterallee 32, 15711 Königs Wusterhausen, Tel. 03375/290199. Tgl. 10–18 Uhr, in den Schulferien tgl. 9–20 Uhr; Ew. 2.50 Euro, ermäßigt und Kinder ab 6 Jahre 1.20 Euro, Kinder unter 6 Jahre frei.

**Touristeninformation**, Tourismusverband Dahme-Seen e.V., Am Bahnhof, 15711 Königs Wusterhausen, Tel. 03375/252019, www.dahme-seen.de, Mo–Fr 7–18 Uhr, Sa/So 9–13 Uhr, Zimmervermittlung.

DRK, Schwimmmeister.

Anfahrt über BAB 10 Abfahrt Niederlehme, die Straße in Richtung Zernsdorf/Neue Mühle (L 30) nehmen, ca. 200 m westlich von der Schleuse in die Küchenmeisterallee einbiegen. Auf Höhe der einmündenden Krimnickallee liegt gegenüber das Strandbad; begrenzte Parkmöglichkeiten am Straßenrand.

RE 2 oder S bis Bhf. Königs Wusterhausen, von dort Bus 721 und 723 bis ›Küchenmeisterallee‹, ab Haltestelle noch ca. fünf Minuten zu Fuß bis Ecke Krimnickallee, dort gegenüber liegt das Strandbad am See. Fahrplaninfo: www.rvs-lds.de.

**Schlossrestaurant und Zuckerbäckerei** in den Kavalierhäusern, Schlossplatz 1, 15711 Königs Wusterhausen, Telefon 03375/212090, www.schloss-koenigs-wusterhausen.de, Schlossrestaurant Di–So 12–24 Uhr, Zuckerbäckerei tgl. 7–18 Uhr.

**Schloss Königs Wusterhausen**, Schlossplatz 1, 15711 Königs Wusterhausen, Tel. 03375/211700, www.spsg.de, Di–So 10–18 Uhr (Besichtigung nur mit Führung).

**Heimatmuseum Königs Wusterhausen**, Schlossplatz 7, 15711 Königs Wusterhausen, Tel. 03375/293034, www.heimatverein-kw.de, Di–Sa 10–16 Uhr.

## 64 Campingplatz-Badestrand am Lankensee

An der Nordspitze vom schmalen Lankensee erstreckt sich mitten im Wald ein beinahe 4000 Quadratmeter großer Sandhang. Auf der Sonnenseite gelegen, führt er im leichten Gefälle zum Ufer hinab, über das man auf weichem Boden ins Wasser gelangt. Das gegenüberliegende Ufer scheint zum Greifen nah, und nur wenige Motorboote kreuzen die Fluten, weshalb man trotz fehlender Leinen- und Bojenmarkierung ohne Bedenken hinausschwimmen kann.

Ringsum dehnt sich der Campingplatz aus, den größtenteils Dauercamper nutzen. Ein Bootsverleih hält Tretboote und Kanus parat, und die Karte von ›Tina's Schlemmeroase‹ verzeichnet von Bockwurst, Salat und Boulette bis zu Schnitzel und Pfeffersteak eine große Speisenpalette. Kleiner Wermutstropfen: Steht der Wind ungünstig, hört man das Rauschen der nahen Autobahn.

**Badestrand am Lankensee**

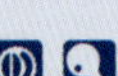

Friedrich-Engels-Straße, 15758 Königs Wusterhausen/OT Zernsdorf, Tel. 033752/295069; Ew. 2 Euro, Kinder 1 Euro.

**Touristeninformation**, Bürgerhaus Zernsdorf, Friedrich-Engels-Straße 35-41, 15758 Königs Wusterhausen/OT Zernsdorf, Tel. 03375/523763, Mo 13–18 Uhr, Di/Do 14–17 Uhr, Mi 9–13 Uhr, Sa 10–13 Uhr.

Baden auf eigene Gefahr.

▶ Karte S. 123

Anfahrt über BAB 10 Abfahrt Niederlehme, die Straße in Richtung Zernsdorf/Kablow nehmen und der Ausschilderung zum Campingplatz folgen; ein Parkplatz befindet sich ca. 100 m nördlich vom Eingang.

RE 2 oder S bis Bhf. Königs Wusterhausen, von dort Bus 721 bis ›Zernsdorf, Zeltplatz‹, gut 100 m gegen die Fahrtrichtung liegt der Eingang zum Campingplatz. Fahrplaninfo: www.rvs-lds.de.

**Campingplatz am Lankensee**, Friedrich-Engels-Straße, 15758 Königs Wusterhausen/OT Zernsdorf, Telefon 03 37 52/29 50 69.

## 65 Großer und Kleiner Tonsee

Rund um die beiden Tonseen östlich von Zeesen bei Körbiskrug kann man auswählen: Möchte man auf dem FKK-Campingplatz am Ufer des Großen Tonsees lagern oder, nur wenige Schritte entfernt, am Kleinen Tonsee die schöne Natur genießen? Auf dem Campingplatz stehen Ferien- und Tagesgästen ein festes Haus mit Sanitäreinrichtungen und Imbiss-Gaststätte mit hübscher Außenterrasse zur Verfügung. Zum Baden am See präsentiert sich ein kleiner Sandstrand zwischen dem Schilf und angeschlossen ein gepflegter Liegerasen.

In der Nachbarschaft taucht der Kleine Tonsee in dichtes Grün. Spaziergänger haben ihn in weniger als einer Stunde umrundet und finden überall an seinen Ufern Stege oder kleine Waldbadestellen, um ins Wasser zu hüpfen; die meisten Gäste am liebsten auch hier im Eva- und Adamskostüm.

Eine waldumrahmte, wild wachsende, teils morastige große Wiese erstreckt

*Der Kleine Tonsee*

sich am Südufer. Wo das Gras niedergetrampelt ist, haben sich Badegäste Pfade und Liegeflächen erobert. Zwischen mannshohem Schilf gibt das verkrautete, mit Bäumen und in den See hinauswachsenden Gehölzen bestandene Ufer kleine Badezugänge frei. Und möchte man nicht zum Imbiss am Campingplatz vorlaufen, heißt es: Picknickkorb mitnehmen! Noch um das Jahr 1900 wurde in dieser Idylle Ton abgebaut und wurden Ziegel gebrannt. Nachdem die Tonstiche nicht mehr rentabel waren, liefen sie mit Grundwasser voll. Und wenn an den Tonseen heute etwas nicht stimmig ist, ist es einzig ihr Name. Denn sie sind keineswegs tonfarben, sondern funkeln je nach Lichteinfall von Silber bis Türkis und haben beste Trinkwasserqualität.

**Großer und Kleiner Tonsee**

Freudenthal, 15741 Zeesen-Körbiskrug.

Baden auf eigene Gefahr.

Anfahrt über BAB 13 Abfahrt Bestensee (ab Sommer 2009), B 246 via Bestensee, am Kreisel östlich der Ortschaft in die B 179 Richtung Königs Wusterhausen einbiegen, nach ca. 1,2 km rechts in die kleine Straße ›Freudenthal‹ (Sandpiste), die nach weiteren 800 m an einem sehr kleinen Parkplatz vor dem Campingplatz endet.

RE 2 oder S bis Bhf. Königs Wusterhausen, ab dort Bus 724, 725, 726, 727 bis ›Bestensee, Schubertstraße‹, 200 m nördlich von der Bushaltestelle in die kleine Straße Freudenthal (Sandpiste) einbiegen, diese gut 800 m bis zu den Tonseen laufen. Fahrplaninfo: www.rvs-lds.de.

**FKK-Naturcamping am Tonsee**, Freudenthal, 15741 Zeesen-Körbiskrug, Tel. 0337 63/650 05, www.camping-bestensee.de.

**Imbiss auf dem Campingplatz**, Fr 14–22 Uhr, Sa/So 11–22 Uhr, zusätzlich bei Sommersonnenbadewetter auch unter der Woche 11–21 Uhr.

## 66 Badestrand am Todnitzsee

Zwischen Körbiskrug und Bestensee dehnt sich der stille Todnitzsee aus. Um die 5000 Quadratmeter Sand, mit einigen Wiesenflecken durchsetzt, schmükken sein südöstliches Ufer. Sanft gewellt fällt der Strand zum Ufer ab, wo er auf gut 40 Meter Länge in den See übergeht; südlich leitet er nahtlos in Wald über. Im außerordentlich flachen Wasser spiegeln sich die Bäume und Schilfgürtel, die die Ufer umziehen. Kiefern und alte Eichen rahmen den Strand, der als einzige Einrichtung ein in die Jahre gekommenes Volleyballnetz, eine Sitzbank am Wasser und davor einen klapprigen Holzsteg aufweist. Rückwärtig beschließt den Strand zum Sportplatz hin ein Maschendrahtzaun, wo an heißen Sommertagen gelegentlich sogar ein Imbiss geöffnet hat. Man sollte sich darauf aber nicht verlassen, sondern lieber Verpflegung mitbringen.

▶ Karte S. 123

**Badestrand am Todnitzsee**

Am Sportplatz 1, 15741 Bestensee.

Baden auf eigene Gefahr.

Anfahrt über BAB 13 Abfahrt Bestensee (ab Sommer 2009), B 246 via Bestensee, im Ort nach dem Bahnübergang die zweite Straße links (nördlich/Breite Straße), die nächste (Waldstraße) gleich wieder links und bis zur Zeesener Straße durchfahren, dort rechts in die Zeesener Straße einbiegen, dieser bis zum Ende folgen (nach einer 90-Grad-Kurve wechselt sie den Namen in Paul-Sievers-Straße) und auf die Ausschilderung ›Sportplatz‹ achten; am Sportplatz Parkmöglichkeiten am Straßenrand, von dort wenige Schritte zum Badestrand.

RE 2 und RB 14 bis Bhf. Bestensee bzw. S bis Bhf. Königs Wusterhausen und von dort Bus 726 bis ›Bestensee, Bahnhof‹, zum Bahnübergang auf der Hauptstraße vorlaufen, direkt östlich vom Bahnübergang links in die Zeesener Straße einbiegen, ab dort wie unter ›Auto‹ beschrieben; insgesamt etwa 1,5 km Fußweg. Fahrplaninfo: www.rvs-lds.de.

*Am stillen Todnitzsee*

## 67 Badewiese ›Strand 14‹ am Pätzer Vordersee

Das Örtchen Pätz südöstlich von Bestensee hat dem Pätzer Vordersee seinen Namen geschenkt. Das 1,7 Quadratkilometer große Gewässer liegt unmittelbar an der Grenze zum Naturpark Dahme-Heideseen. Von einigen Tiefmulden am Seegrund abgesehen, ist er nur maximal vier bis fünf Meter tief und damit eine der herrlichsten Badewannen im Süden Berlins. Im Schutz eines Landvorsprungs, der am Südostufer mit einer langen gebogenen Nase ins Wasser ragt und so eine schmale Bucht ausbildet, dehnt sich die fast 200 Meter lange, zwischen 30 und 40 Meter breite Badewiese aus. Eichen, Birken und Erlen sind über das Gelände gestreut, Hecken und Baumreihen schlucken die Autogeräusche von der nahen Straße, und wer möchte: Ein bisschen Sand gibt es auch. Der schöne Blick über den See endet am gegenüberliegenden Ufer an Wald und Schilfgürteln.

Links unten am Wasser findet sich ein Bereich mit Kinderspielplatz, Sitzbänken und im Sand einem Volleyballfeld. Ins Wasser geht es entweder übergangslos über Sandboden, hier und da durch kleine Schilfinseln unterbrochen, oder auch über die grüne Uferböschung. Der Pätzer Vordersee ist so flach, dass man 40, 50 Meter hinauswaten kann und ab Bauchnabelhöhe aufwärts noch immer im Trockenen steht. Er eignet sich deshalb besonders zum Badeausflug für Familien mit kleinen Kindern, die allerdings trotzdem nicht unbeaufsichtigt bleiben sollten, denn einen markierten Nichtschwimmer-/Schwimmerbereich gibt es nicht.

*Hunde erlaubt: An der Badewiese ›Strand 14‹*

Vorne zur Straße hin öffnet ab mittags ein Imbiss mit Seeblick. Auf einem Wiesenabschnitt rechts vom Imbiss vor einem Wäldchen sind Hunde erlaubt.

### Badewiese Strand 14

Am Strand 14, 15741 Bestensee-Pätz.

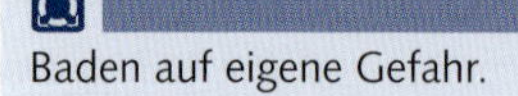

Baden auf eigene Gefahr.

Anfahrt über BAB 13 Abfahrt Bestensee (ab Sommer 2009), der B 246 durch Bestensee folgen, östlich der Ortschaft am Kreisel rechts in die B 179 Richtung Märkisch Buchholz einbiegen, nach ca. 1,3 km rechts in die Straße ›Am Strand‹ einbiegen, nach weiteren 800 m folgt kurz nach dem Ortseingang Pätz die Badewiese. Ein Parkplatz befindet sich auf der gegenüberliegenden Straßenseite.

RE 2 und RB 14 bis Bhf. Bestensee, von dort Bus 724 bis ›Pätz, Am Strand‹, oder S bis Bhf. Königs Wusterhausen, von dort Bus 724, 725, 727 bis ›Pätz, Am Strand‹, von der Bushaltestelle ist die Badewiese bereits zu sehen. Fahrplaninfo: www.rvs-lds.de.

► Karte S. 123

## 68 Badestellen am Pätzer Tonsee

Ein schmaler Waldstreifen trennt den kleinen, beinahe kreisrunden See von der leider recht lauten B 246. Bis 1941 wurde hier noch Ton abgebaut, und als die Arbeiten wegen Unrentabilität eingestellt wurden, lief das Tonloch allmählich mit Grundwasser voll. Heute kann man auf gut 200 Metern am Nordufer eine Reihe hübscher Mini-Badeplätzchen ausmachen. Ein Trampelpfad führt vor der steilen Böschung entlang, die hier und da über größere oder kleinere Senkungen Zugänge ins ansonsten schilfumrahmte Wasser ermöglicht. Oberhalb lässt man sich auf sandigem, mit Kienäpfeln übersätem Waldboden nieder. Sandpisten führen als Stichstraßen von der B 246 fast bis zum Wasser. Auf einer Lichtung richten sich gerne einmal Wohnmobilisten für ein Campingwochenende ein, was natürlich offiziell nicht erlaubt ist.

Durch den lichten Kiefern- und Eichenwald dringen die Sonnenstrahlen, und so kann man von einem romantischen Plätzchen sprechen, sofern einen das kontinuierliche Rauschen von der sehr nahen Bundesstraße nicht stört.

*Einer der Zugänge zum Pätzer Tonsee*

**Badestellen am Pätzer Tonsee**

Bestenseer Straße, 15741 Bestensee.

Baden auf eigene Gefahr.

Anfahrt über BAB 13 Abfahrt Bestensee (ab Sommer 2009), auf der B 246 Bestensee durchfahren, am Kreisel östlich der Ortschaft weiter geradeaus via Gräbendorf, etwa 100 m nach dem Kreisel führt rechts eine Sandpiste zum Tonsee, kurz vor dem Ufer ein kleiner Waldparkplatz.

RE 2 und RB 14 bis Bhf. Bestensee oder S bis Bhf. Königs Wusterhausen, von beiden Bahnhöfen Bus 724 bis ›Bestensee, Kreisverkehr‹, vom Kreisel aus wie unter ›Auto‹ beschrieben.

## 69 Badestrände an den Kiesseen in Bestensee

Inmitten von Feldern funkeln südwestlich von Bestensee der Kleine Kiessee und gleich nebenan der Große Kiessee im Sonnenlicht. Um die beiden Gewässer herum dehnt sich auf gut zehn Hektar Fläche ein ruhiger, da überwiegend von Dauercampern belegter Campingplatz aus. Seine feinsandigen kleinen Badestrände stehen gegen ein geringfügiges Entgelt auch Tagesgästen zur Verfügung, so der von Birken und Kiefern gesäumte Ministrand direkt vor den Campingwagen am kleineren, nördlichen Kiessee. Extra seicht bietet er sich besonders schön für Kinder zum Planschen an. Oder der puderzuckerfeine größere Strand, der sich auf der gut hundert Meter langen Nehrung zwischen Kleinem und Großen Kiessee erstreckt. Dort geht es über eine knapp 30 Meter breite Öffnung zwischen den Schilfgürteln auf weichem Sand ins klare Wasser des Großen Kiessees hinein. Im hinteren Bereich schließt sich an den

*Der Große Kiessee*

Karte S. 123

Strand eine FKK-Liegewiese an, während vorne, zur Straße hin, ein Imbiss mit Terrasse zum Draußensitzen zu schnellen Speisen und kühlen Getränken einlädt.

Nur ein Maschendrahtzaun trennt den gepflegten feinen Sandstrand vom freien Badestrand unmittelbar nebenan. Eine ausgedehnte magere Wiese schießt dort ins Kraut, dazwischen öffnet sich eine große Sandfläche, die leicht zum Seeufer abfällt und unten am Wasser einen etwa 20 Meter langen Badezugang freigibt. Oberhalb erinnern eine betonversiegelte Fläche, Reste einer Holzbühne und Schemen eines Volleyballfelds noch daran, dass der Badestrand einmal bewirtschaftet war.

**Strände an den Kiesseen in Bestensee**

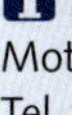

Motzener Straße, 15741 Bestensee, Tel. 03 37 63/632 53. Am Badestrand auf dem Campingplatz wird ein kleiner Obolus entrichtet, dafür stehen den Badegästen WC, Dusche und Imbiss-Angebot zur Verfügung; der unbewirtschaftete Badestrand nebenan ist kostenlos.

Baden auf eigene Gefahr.

Anfahrt über BAB 13 Abfahrt Bestensee (ab Sommer 2009), in Bestensee kurz vor den Bahngleisen rechts (südlich) in die Motzener Straße (L 743) einbiegen, dieser die nächsten 2,5 km folgen, auf Höhe des Schilds ›Bestensee‹ am südlichen Ortseingang liegt der Eingang zum Campingplatz, davor Parkplätze am Straßenrand; von dort zur freien Badestelle wie unten beschrieben.

RE 2 und RB 14 bis Bhf. Bestensee oder S bis Bhf. Königs Wusterhausen, von beiden Bahnhöfen weiter mit dem Bus 726 bis ›Bestensee, Kiessee‹, die Haltestelle liegt direkt vor dem Eingang zum Campingplatz, der Zugang zum freien Badestrand befindet sich knapp 200 m südwärts die Straße hinunter, dort rechts durch das verrostete offenstehende Gatter. Fahrplaninfo: www.rvs-lds.de.

**Naturcamping am Kiessee**, Motzener Straße, 15741 Bestensee, Tel. 03 37 63/632 53, www.camping-bestensee.de.

## 70 Seebad Motzen am Motzener See

Der Motzener See am westlichen Rand des Dahme-Seengebiets ist eine Wiege der deutschen Freikörperkultur. Seit den frühen 1920er Jahren zog es die ›Naturisten‹, wie man sie damals nannte, aus dem Berliner Großstadttrubel in die Idylle, um so, wie der Liebe Gott sie geschaffen hatte, ins glasklare Wasser zu hüpfen. Bei den verständnislos mit dem Kopf schüttelnden Motzenern hießen sie einfach ›die Nackten‹.

Im Seebad Motzen hält es heute jeder so, wie er möchte, das Textilbaden überwiegt allerdings deutlich. Auf über 10 000 Quadratmetern dehnt sich die Wiese am östlichen Seeufer vor weiten Schilfgürteln aus, zwischen denen es auf 30 bis 40 Meter Länge auf weichem

Sand ins außerordentlich seichte Wasser geht. Der See ist so flach, dass er bald eher zum Wasserwandern als zum Schwimmen einlädt. Die Badeinsel, etwa 30 Meter vom Ufer entfernt, kann ein hochgewachsener Mensch fast noch mit trockener Badehose erreichen. Kurz vor der Insel zeigen dezent verteilte Minibojen das Ende des Nichtschwimmerbereichs an. Es herrscht Stille über dem See, da er für Motorboote gesperrt ist. Die Liegewiese wird durch einen Streifen dicht gepflanzter Bäume in einen größeren und in einen kleineren Bereich mit einem weiteren, schmaleren Seezugang unterteilt. Zur Straße hin bietet der Imbiss ›Seeperle‹ immer am Wochenende und in den Sommerferien das komplette Fritier- und Brutzelprogramm. Gleich nebenan serviert die ›Fischerklause‹ auf dem an die Liegewiese grenzenden Sportplatz mit kleiner Bierterrasse ebenfalls Wiener, Knacker, Boulette und Pommes Frites.

## Heimatmuseum

Das Heimatmuseum im Haus des Gastes erzählt die Geschichte des Orts von der Frühzeit bis in die Gegenwart, darunter auch die Geschichte von Motzen als Wiege der deutschen Freikörperkultur.

**Seebad Motzen am Motzener See**

Am Sportplatz, 15741 Motzen.
**Touristeninformation**, Haus des Gastes, Karl-Marx-Straße 1, 15741 Motzen, Tel. 03 37 69/206 21, www.motzen.com, www.mittenwalde.de, Di–So 10–18 Uhr.

Baden auf eigene Gefahr.

Anfahrt über BAB 13 Abfahrt Bestensee (ab Sommer 2009), B 246 Rich-

*Seebad Motzen*

Karte S. 123

tung Zossen, in Gallun auf die L 745 via Motzen abbiegen, nach ca. 4 km zwischen der Seebadsiedlung und Motzen Dorfanfang auf den Fußballplatz neben der Straße achten, direkt danach folgt ein großer Wiesenparkplatz (gebührenpflichtig) vor dem Seebad.

RE 3 und RB 14 bis Bhf. Zossen, von dort Bus 729 bis ›Motzen, Seeblick‹; oder ab S Königs Wusterhausen Bus 728 und 729 bis ›Motzen, Seeblick‹, von der Bushaltestelle aus ist der Wiesenparkplatz vor dem Seebad bereits zu sehen. Fahrplaninfo: www.rvs-lds.de.

**Heimatmuseum im Haus des Gastes**, Karl-Marx-Straße 1, 15741 Motzen, Tel. 033769/20621, www.motzen.com, www.mittenwalde.de, Di–So 10–18 Uhr.

## 71 Strandbad Kallinchen am Motzener See

Bereits seit 2004 weht ununterbrochen die Blaue Flagge über dem Strandbad am Westufer des Motzener Sees und weist es als mustergültig in Sachen Wasserqualität, Natur- und Umweltschutz aus.

Auf knapp 10000 Quadratmetern erstreckt sich die Liegewiese auf sandigem Boden, und ob einmal Gras oder Sand die Oberhand gewinnen, scheint noch längst nicht entschieden. Rundum hegt das Gelände eine dichte grüne Hecke aus Büschen und Bäumen ein, auf der Wiese selbst spenden nur ein paar hohe Birken spärlichen Schatten. Ein Liegebereich rechterhand ist für FKK reserviert, ansonsten wird textil gesonnt und gebadet.

Am Ufer besteht über annähernd das gesamte Gelände Zugang zum sehr flachen See, den bei Niedrigwasser sogar ein schmaler Sandstreifen ziert. Rechts und links rahmen ihn kurze Holzstege ein, zwischen denen sich eine Leine spannt, die den Planschbereich mit großer Wasserrutsche eingrenzt. Weiter draußen im See markieren Bojen das Ende Schwimmerbereichs, in dem man eine Badeinsel ansteuern kann. Der Blick geht weit über die über von Schilfrohr und Wald umzogene Wasserfläche.

Dusche, WC, Umkleide im komplett behindertengerecht ausgestatteten Bad sind im neu errichteten Servicegebäude untergebracht. Dort befindet sich auch – wahlweise mit großem Balkon oder einem Außensitzbereich unter Kiefern – das Strandcafé ›Arielle‹ mit Imbiss-Angebot.

Ein Volleyballfeld, Kinderspielplatz, Freiluftschach, Minigolf sowie Tretboot-, Kajak- und Ruderbootverleih runden das Angebot ab. Im Kassenhäuschen am Eingang sind eine kleine Touristeninformation und ein Fahrradverleih untergebracht.

### AKK-Birkenheide

Nördlich von Kallinchen ist einer der ältesten deutschen FKK-Clubs zu Hause. Bereits 1925 wurde in der Birkenheide am Motzener See ohne Hüllen geschwommen und an der frischen Luft Sport und Gymnastik getrieben. Der Verein ›Allgemeine Körperkultur Birkenheide‹ hält es auf seinem rund zwölf Hektar großen Gelände in herrlicher Kiefernheide auch heute noch so. Das fast 800 Meter lange Seeufer bietet mehrere, nicht allzu große Badestellen. Urlauber können ihr Zelt aufschlagen, und Tagesgäste sind ebenfalls willkommen.

## Strandbad Kallinchen

Am Strandbad, 15806 Zossen/OT Kallinchen, Tel. 03 37 69/513 50, www.kallinchen.de. Tgl 8–19 Uhr, Ew. 2 Euro, Kinder bis 14 Jahre 1 Euro, Kinder 15 – 18 Jahre 1.50 Euro.

**Touristeninformation** im Kassenhäuschen am Strandbad.

**AKK Birkenheide e.V.**, Vereinssportgelände Kallinchen, Haidchenweg (ab nördlichem Ortsausgang von Kallinchen ausgeschildert), 15806 Kallinchen, Tel. 03 37 69/502 67, www.akk-birkenheide.de.

Schwimmmeister, Rettungsschwimmer.

Anfahrt bis Motzen siehe ›Seebad Motzen‹ (S. 134); vom Ortszentrum Motzen der L 743 um den See herum nach Kallinchen am Westufer folgen, im Ortskern Kallinchen in die Straße ›Am Strandbad‹ einbiegen (mit ›Strandbad‹ ausgeschildert), vor dem Strandbad ein großer gebührenpflichtiger Parkplatz.

RE 3 und RB 14 bis Bhf. Zossen oder S bis Königs Wusterhausen, von beiden Bahnhöfen Bus 729 bis ›Kallinchen, Dorf‹, dort in die Straße ›Am Strandbad‹ einbiegen und bis zum Ende durchlaufen. Fahrplaninfo: www.rvs-lds.de.

**Hotel & Restaurant Alter Krug**, Hauptstraße 15, 15806 Zossen/OT Kallinchen, Tel. 03 37 69/89 80, www.alterkrug-kallinchen.de, Restaurant ab 11.30 Uhr, Mi Ruhetag. Fleisch-, Fisch- und Wildgerichte aus den heimischen Gewässern und Wäldern, z. B. Wildschweinbraten mit Apfelrotkohl, Zanderfilet oder Aal grün; die Zimmer gepflegte Mittelklasse, DZ/F 48 Euro.

**Campingplatz Am Motzener See**, Seestraße 17, 15806 Zossen/OT Kallinchen, Tel. 03 37 69/205 77, www.kallinchen.de.

*Strandbad Kallinchen*

Karte S. 123

*Badewiese am Ziestsee*



## 72 Badewiese am Ziestsee

Sehr ruhig liegt der kleine Ziestsee am Rande der Bindower Gartensiedlung. Die Sicht über die Wasserfläche hinweg geht in die grüne Natur, die Gestade sind von mannshohen dichten Schilfgürteln geschmückt. Am Nordufer geben sie einen etwa 20 Meter langen Seezugang mit schmalem Sandstrand frei, über den es, zu beiden Seiten von einer Wand aus grünem Röhricht gesäumt, ins seichte Wasser hineingeht. Die Wiese am Ufer entlang ist relativ schmal, nur zwischen 30 und 40 Meter breit und durch hohe Bäume gerahmt. Einige Picknickbänke sind die einzige Einrichtung. Landeinwärts schließt sich im rechten Winkel ein weiteres Wiesenstück mit Volleyballfeld und zwei Mini-Fußballtoren an, so dass man sich auf insgesamt gut 6000 Quadratmeter Fläche ausstrecken kann.

**Badewiese am Ziestsee**

Fischersteig, 15754 Heidesee/OT Bindow–Bindow-Süd.

Baden auf eigene Gefahr.

Anfahrt über BAB 12 Ausfahrt Friedersdorf, in Friedersdorf Richtung Bindow-Dorf und dort weiter nach Bindow-Süd, dort am nördlichen Ortseingang in die Geschwister-Scholl-Straße einbiegen, dieser knapp 1 km folgen, dann rechts in die Mariannenstraße und nach 200 m links in den Fischersteig (Sandweg), der kurz danach an einem kleinem Sandparkplatz vor der Badewiese endet.

RE 2 und S bis Königs Wusterhausen, von dort Bus 722 bis ›Bindow, Siedlung‹, von dort in den sandigen Waldweg ›Nordkorso‹ hinein, diesem gut 800 m folgen, bis er die Fasanenstraße und kurz danach die Mariannenstraße kreuzt, ab Mariannenstraße wie unter ›Auto‹ beschrieben. Fahrplaninfo: www.rvs-lds.de.

## 73 Strandbad Wolzig am Wolziger See

Die schöne gepflegte Liegewiese am Nordufer vom Wolziger See bietet neben Platz für die Badetücher außerdem Picknickbänke und Gartentische zum Ruhen und Sitzen. Sie wird ehrenamtlich vom Heimatverein Wolzig unterhalten, der das etwa 3000 Quadratmeter große Gelände in eine hübsche Gartenanlage verwandelt hat. Zwischen dem Schilf vorne am Ufer ist ein rund zehn Meter langer Streifen ausgespart, den feiner weißer Sandstrand füllt. Daneben führt ein gut doppelt so langer Steg in den See hinaus, den am Ende zwei Sitzbänke zieren. Von dort eröffnet sich ein herrlicher Panoramablick weit über die Wasserfläche.

Kopfüber sollte man von dort aber lieber nicht ins kühle Nass springen, es hat hier gerade mal 65 Zentimeter Tiefe über dem weichen sandigen Seeboden erreicht. Der Schwimmerbereich endet noch ein gutes Stück weiter draußen an Bojen; dort ist es dann stattliche 1,50 Meter tief.

Für kalte Getränke, Pommes Frites und Currywurst sorgt ein Imbiss in Eingangsnähe.

### Fischerhütte in Blossin

Wer gerne Fisch isst, sollte unbedingt einen Abstecher nach Blossin ans Westufer des Wolziger Sees machen. Die Speisekarte der ›Fischerhütte‹ bietet Fisch nach Hausmacherart in allen nur denkbaren Zubereitungen, von Fischsuppe über Aal in Aspik bis zum kross gebakkenen Zander- oder Welsfilet. Er kommt frisch aus dem See, die Gaststätte mit sonniger Speiseterrasse vor einer kleinen Marina gehört zur Fischerei Blossin.

Bereits seit 1918 besteht der Traditionsbetrieb. An der Verkaufstheke kann man Räucherfisch nach Hause mitnehmen oder auch Frischfisch, der in einem Bekken schwimmt und unmittelbar vor dem Verkauf für den Kunden küchenfertig gemacht wird.

*Strandbad Wolzig*

▲ Karte S. 123

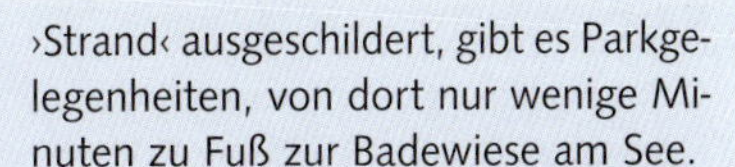

**Strandbad Wolzig**

Blossiner Weg, 15754 Heidesee/OT Wolzig-Wolziger Kolonie.

Baden auf eigene Gefahr.

Anfahrt über BAB 12 Abfahrt Friedersdorf, über Friedersdorf Richtung Storkow (L 40) bis Wolziger Kolonie, im Ort an der großen Dorfwiese, mit ›Strand‹ ausgeschildert, gibt es Parkgelegenheiten, von dort nur wenige Minuten zu Fuß zur Badewiese am See.

Ab S Königs Wusterhausen Bus 723 bis ›Wolzig, Gasthaus am See‹, von dort etwa 200 m, an der großen Dorfwiese vorbei zur Badewiese am See. Fahrplaninfo: www.rvs-lds.de.

**Gaststätte Fischerhütte**, Blossiner Seeweg 2, 15754 Heidesee/OT Blossin, Telefon 033767/80456, www.fischerei-blossin.de, tgl. 11–21 Uhr.

## 74 Badewiese am Wolziger See

Über 6000 Quadratmeter grüner Rasen machen die Badewiese am Südufer des Wolziger Sees in Kolberg aus. Sie wird von einem Kranz hoher Bäume umzogen, der sich zum Ufer hin öffnet und den Blick weit über den See freigibt. Mehrere Sitzbänke für die schöne Aussicht und eine Fischskulptur sind die einzige Einrichtung. Ein schmaler Sandstreifen zieht sich vor der fast 40 Meter langen Öffnung zwischen dem Schilf entlang und geleitet sanft in das sehr flache Wasser hinein. Schwimmer müssen ein Stückchen waten, nach etwa 30 Metern umspült es soeben den Bauchnabel. Bojen markieren das Ende des Badebereichs.

In der Nachbarschaft, etwa fünf Minuten zu Fuß, dümpeln im kleinen Kolberger Hafen die Leihruderboote, die man direkt nebenan auf dem Campingplatz – einem der kleinsten Campingplätze in ganz Brandenburg – mieten kann. Nahebei erhebt sich der Kolberg, der dem Dorf zu seinen Füßen seinen Namen lieh, auf ansehnliche 90 Meter. Damit ist er der zweithöchste Berg weit und breit im Dahme-Seengebiet.

**Badewiese am Wolziger See**

Straße Am Strandbad, 15754 Heidesee/OT Kolberg.

Baden auf eigene Gefahr.

Anfahrt über BAB 12 Abfahrt Friedersdorf, über Friedersdorf auf der L 39 bis Kolberg, im Ortskern gegenüber der Freiwilligen Feuerwehr in die Straße ›Am Strandcasino‹ einbiegen, dort befindet sich am Ende ein Parkplatz, von da sind es noch ca. 300 m über den Pflasterweg zur Badewiese, der See liegt dann bereits in Sichtweite.

Ab S Königs Wusterhausen Bus 723 bis ›Kolberg, Dorf‹, ab dort wie unter ›Auto‹ beschrieben.
Fahrplaninfo: www.rvs-lds.de.

**Campingplatz Freizeitpunkt Kolberg**, Storkower Straße, 15754 Heidesee/OT Kolberg, Tel. 0177/1692117, www.freizeitpunkt-kolberg.de.

**Bootsverleih** auf dem Campingplatz.

*Badewiese am Wolziger See*

## Südwestlich von Berlin – die Havellandseen

Direkt vor den Toren Berlins beginnt mit den Potsdamer Havelseen ein zauberhafter Flickenteppich aus Wasser und Land. Sanft gewellt ist die Landschaft, die die Havel gemächlich durchfließt und dabei unterwegs die breiten Flussseen ausbildet, die die brandenburgische Landeshauptstadt beinahe zu einer Insel machen. Eingebettet in die schöne Natur in und um Potsdam liegen die prachtvollen Schlösser und Gärten der preußischen Könige: Schloss und Park Sanssouci, der Neue Garten oder auch Schloss und Park Babelsberg. 1990 wurden die königlichen preußischen Anlagen von der UNESCO zum Weltkulturerbe erklärt – weshalb man bei einem Sprung in den Tiefen See, den Templiner See oder den Schwielowsee gewissermaßen zugleich in Geschichte und Kultur baden kann.

Westlich von Potsdam startet in der Havelstadt Werder bald nach dem berühmten Kirschblütenfest Anfang Mai die Badesaison am Plessower See. Nördlich der brandenburgischen Landeshauptstadt bieten der Sacrower See und der Groß-Glienicker See weitere schöne Badegelegenheiten.

Von Nord nach Süd verläuft durch den Groß-Glienicker See die Landesgrenze zwischen Brandenburg und Berlin. Vor 1990 handelte es sich um die unüberwindliche Staatsgrenze zwischen der DDR und der eingemauerten Westberliner Enklave. Seit der Wiedervereinigung können trainierte Schwimmer mit ein paar kräftigen Zügen nun wahlweise in dem einen oder dem anderen Bundesland wieder ans Ufer gehen.

▲ Karte S. 141

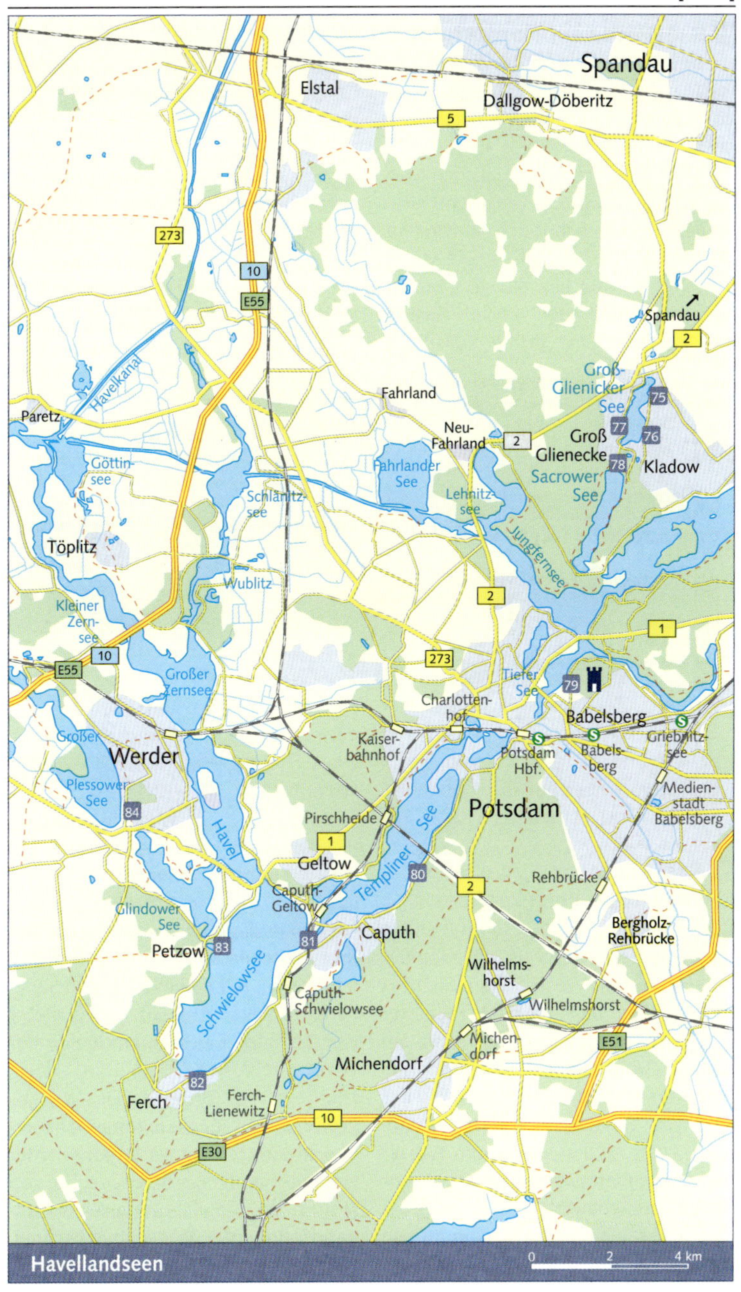
Spandau
Elstal
Dallgow-Döberitz
Spandau
Fahrland
Neu-Fahrland
Groß-Glienicker See
Groß Glienecke
Kladow
Sacrower See
Paretz
Havelkanal
Göttinsee
Fahrlander See
Schlänitzsee
Lehnitzsee
Jungfernsee
Töplitz
Wublitz
Kleiner Zernsee
Großer Zernsee
Tiefer See
Charlottenhof
Babelsberg
Großer Plessower See
Werder
Kaiserbahnhof
Potsdam Hbf.
Babelsberg
Griebnitzsee
Medienstadt Babelsberg
Potsdam
Havel
Pirschheide
Geltow
Templiner See
Rehbrücke
Caputh-Geltow
Caputh
Bergholz-Rehbrücke
Glindower See
Petzow
Schwielowsee
Wilhelmshorst
Caputh-Schwielowsee
Wilhelmshorst
Michendorf
Michendorf
Ferch
Ferch-Lienewitz
Havellandseen
0 2 4 km

## 75 Badewiese am Nordostufer des Groß-Glienicker Sees

Fast der gesamte Groß-Glienicker See ist von Gartengrundstücken umzogen, so auch die große Badewiese auf der Berliner Seite an seinem nordöstlichen Ufer. Auf knapp 150 Meter Länge und etwa 50 Meter Breite dehnt sich die von Bäumen umrahmte, einfache grüne Wiese aus. Zum Wasser hin fällt sie sanft ab, und inmitten prangt wie ein riesiger Buddelkasten eine große kreisrunde Sandfläche. Sie mündet in einen etwa 20 Meter breiten Badezugang, über den es ins seichte klare Wasser geht – und nur hier geben die Erlen den schilfgeschmückten Ufersaum frei. Ansonsten besteht keine Sicht auf die Häuser am gegenüberliegenden Ufer, und diesseitig verstecken sie sich ebenfalls hinter hohen Hecken. Irgendwo heult mal ein Rasenmäher, oder ein Fischreiher krächzt. Sonst ist es still über dem Groß-Glienicker See.

### Nordostufer des Groß-Glienicker Sees

Uferpromenade, 14089 Berlin.

Baden auf eigene Gefahr.

Anfahrt über die B 2 (Potsdamer Chaussee), knapp 200 m östlich der berlin-brandenburgischen Landesgrenze südwärts in den Ritterfelddamm und ca. 800 m später rechts in die Uferpromenade einbiegen, dort Parkmöglichkeiten auf dem Grünstreifen am Straßenrand, von da wie unter ›Bus‹ beschrieben.

Ab U+S Spandau Bus 135 bis ›Kurpromenade‹, dort wenige Schritte nördlich in die Uferpromenade einschwenken und ihr den Hang hinab folgen; wo die Promenade nach links um die Kurve führt, liegt rechterhand die Badewiese (insgesamt ca. 300 m Fußweg). Fahrplaninfo: Tel. 030/19449, www.bvg.de.

## 76 Badewiese am Südostufer des Groß-Glienicker Sees

Die weitläufige Badewiese zählte einst zu den beliebtesten Ausflugzielen der eingemauerten Westberliner. Sie liegt jedoch über den größten Teil ihrer Fläche hinweg nicht unmittelbar am Seeufer. Von einem großen Feldparkplatz aus erstreckt sie sich nordwärts und wird zunächst durch das Grundstück eines Anglervereins vom Wasser getrennt. Dafür erläutern dort vor dem Zaun Schautafeln, was im Groß-Glienicker See alles so schwimmt. An der schmalsten Stelle der Badewiese wartet ein Kinderspielplatz auf kleine Besucher, danach verbreitert sie sich wieder und gibt nun auch das Ufer frei. Zwischen Bäumen und Schilf öffnet es sich, mit einem schmalen Sandband verziert, etwa 30 bis 35 Meter zum seichten See. Am Nordende der Wiese steht nahe dem DLRG-Häuschen ein WC-Container. Der weitaus größere Teil des Liegebereichs erstreckt sich landeinwärts jenseits der verlängerten Uferpromenade, die von Nord nach Süd als schmales Asphaltband leider die Wiese durchschneidet.

▶ Karte S. 141

*Bootsausleihe in der Nähe des Badwiese*

In Parkplatznähe lädt die Gaststätte ›Strandbaude‹ in einem hübschen Garten-und-See-Grundstück zu deutscher Küche ein. Außerdem kann man sich dort für gemütliche Seefahrten ein Tret- oder Ruderboot ausleihen.

### Südostufer des Groß-Glienicker Sees

Verlängerte Uferpromenade, 14089 Berlin.

DLRG.

Anfahrt über Ritterfelddamm/Uferpromenade (s. S. 142, Badewiese am Nordostufer des Groß-Glienicker Sees), an der Verlängerten Uferpromenade auf Höhe der Gaststätte ›Strandbaude‹ ein großer Wiesenparkplatz.

Ab S+U Spandau Bus 135 bis ›Waldallee‹, die Waldallee bis zur Uferpromenade hinablaufen; in diese links eingeborgen, ist die Badewiese kurz darauf erreicht (insgesamt 1,2 km zu Fuß). Fahrplaninfo: Tel. 030/194 49, www.bvg.de.

**Restaurant Strandbaude**, Verlängerte Uferpromenade, 14089 Berlin, Tel. 030/365 44 62, Mi–So 11–20 Uhr.

**Campingplatz Kladow**, Krampnitzer Weg 111–117, 14089 Berlin, Telefon 030/365 27 97, www.dccberlin.de. Großer Platz mit vielen Dauercampern, direkt am ehemaligen Mauerstreifen zwischen Groß-Glienicker und Sacrower See , so dass man mit einem Spaziergang auch den Badestrand am nördlichen Sacrower Seeufer (s.S. 145) gut erreichen kann.

## 77 Badewiese am Westufer des Groß-Glienicker Sees

Die kleine Badewiese im Groß-Glienicker Ortszentrum am westlichen Seeufer fällt sanft von der Straße zum Ufer ab. Schon in den frühen 1920er Jahren frönte man hier dem Badevergnügen. 1937 gesellte sich eine Gastwirtschaft hinzu, doch nach Ende des Zweiten Weltkriegs war es vorbei mit dem Ausflugsbetrieb über den See: Quer durch ihn hindurch verlief bis zum Fall des Eisernen Vorhangs die unüberwindliche Staatsgrenze zwischen der DDR und Westberlin, Groß Glienicke war nun Grenzgebiet. Zwar blieben Gaststätte und Liegewiese erhalten, das Baden indes war verboten, und erst nach dem Mauerfall bekamen die Groß Glienicker ihr gesperrtes Seeufer wieder. 2005 wurde es auf gut 3500 Quadratmetern neu angelegt. Wenige Meter vom Wasser entfernt verläuft der Berliner Mauerweg, vor dem zwischen Büschen und Bäumen, mit Blick auf die beiden naturgeschützten Eilande im See, ein kleiner schmaler Strandflecken für den Badezugang ausgespart ist. Nördlich der Badestelle schließt sich ein Kinderspielplatz an. Ein Imbiss-Kiosk mit Sitzgelegenheit unter Sonnenschirmen, der am Ende der Liegewiese kurz vor der Straße steht, sorgt dafür, dass kein Hunger aufkommt.

*Kiosk an der Badewiese*

**Westufer des Groß-Glienicker Sees**

Seepromenade, 14476 Potsdam-Groß-Glienicke.

Baden auf eigene Gefahr.

Anfahrt über die B 2 (Potsdamer Chaussee)/Glienicker Dorfstraße/Seepromenade; ein Parkplatz im Ortszen-

▶ Karte S. 141

trum befindet sich nahe der Badewiese an der Sporthalle.

Ab S+U Spandau/S Potsdam-Hauptbahnhof mit dem Bus 638 oder 639 bis ›Groß-Glienicke, Sportplatz‹, die Badewiese ist dort bereits in Sichtweite. Fahrplaninfo: Tel. 01 80/428 35 28, www.havelbus.de.

## 78 Badestrand am Nordufer des Sacrower Sees

Ein kleines Rinnsal verbindet den Groß-Glienicker mit dem Sacrower See, keine 800 Meter Land trennen die beiden Gewässer, und von der Kladower Badewiese am südöstlichen Groß-Glienicker-Seeufer zum Badestrand am Nordufer des Sacrower Sees ist es nicht weit. Mitten im Wald breitet sich der Sandstrand im Naturschutzgebiet ›Königswald‹ auf etwa 50 mal 50 Metern aus. Auf 30 bis 40 Meter Länge gibt das dichte Schilfrohr, das den Sacrower See ansonsten komplett umschließt, den Zugang frei. Auf weichem Sandboden gleitet man in das kristallklare Gewässer hinein, das am Ufer sehr seicht ist und deshalb, wenngleich ohne extra gesicherten Nichtschwimmerbereich, auch für Kinder gut geeignet.

Und das schönste dabei ist: Selbst wenn man mit Kind und Kegel anreist und der Blick nach vorn in nichts als prachtvolle grüne Natur geht, kann das Picknick-Gepäck getrost zu Hause bleiben. Denn unmittelbar hinter dem Strand schließen sich ein Imbiss-Kiosk und die Biergarten-Terrasse des Hotel-Ristorante ›Waldfrieden‹ an. Auf der Speisekarte stehen Pizza, Pasta sowie italienische Fleisch- und Fischgerichte, drinnen im ländlich-rustikalen Ambiente sowie draußen auf der Terrasse mit traumhaften Seeblick.

**Strand am Nordufer des Sacrower Sees**

Seepromenade, 14476 Groß-Glienicke.

Baden auf eigene Gefahr.

► Anfahrt über Berlin-Kladow: s. Badewiese am Nordostufer des Groß-Glienicker Sees (S. 142), von dort die Verlängerte Uferpromenade bis zum Ende durchfahren, dort eingeschränkte Parkmöglichkeiten am Straßenrand; von da den Fußgängerweg nehmen, der einen Campingplatz teilt, anschließend den ehemaligen Mauerstreifen queren, dem Weg weiter folgen, an ein paar Datschen vorbei und dann links in den Verbundsteinpflasterweg einbiegen (ausgeschildert mit ›Hotel-Ristorante Waldfrieden‹), von dort noch knapp 400 m zum Badestrand (insgesamt etwa 1 km Spaziergang).

► Anfahrt über Groß-Glienicke: Auf der B 2 nach Groß-Glienicke, am Ortseingang geradeaus in die Dorfstraße fahren, die weiterführend Seepromenade heißt, der Seepromenade um die südliche Seespitze und weiter durch den Wald folgen, sie geht in einen Verbundsteinpflasterweg über, der zum Hotel-Ristorante ›Waldfrieden‹ und zum Badestrand führt; den ›Waldfrieden‹-Gästen steht ein größerer Parkplatz zur Verfügung.

Ab S+U Spandau/S Potsdam Hauptbahnhof mit dem Bus 638 oder 639 bis ›Groß Glienicke, Seepromenade‹, von dort wie unter ›Auto‹ beschrieben (knapp 2 km zu Fuß). Fahrplaninfo: Telefon 0180/4283528, www.havelbus.de.

**Hotel-Ristorante ›Waldfrieden‹**, Seepromenade 99, 14476 Groß-Glienicke, Tel. 033201/31291, www.restaurant-waldfrieden-grossglienicke.de, DZ/F 55 Euro, Speisebetrieb tgl. 11–24 Uhr.

**Campingplatz Kladow**, Krampnitzer Weg 111–117, 14089 Berlin-Kladow, Tel. 030/3652797, www.dccberlin.de. Großer Platz mit Dauercampern, am ehemaligen Mauerstreifen zwischen Groß-Glienicker und Sacrower See.

## 79 Strandbad Babelsberg am Tiefen See

Östlich vom Potsdamer Stadtzentrum verbreitert sich die Havel zum Tiefen See. Am westlichen Seeufer erhebt sich zwischen den Häusern das neue Hans-Otto-Theater, am Ostufer liegt am Rand vom Park Babelsberg, ganz in der Nähe der Humboldtbrücke, das Strandbad Babelsberg. Über beinahe 350 Meter Länge und rund 100 Meter Breite erstreckt sich die grüne Wiese, über die wie hingestreut Erlen, Rotbuchen, Kastanien, Linden und Eichen in den Himmel wachsen. Rückwärtig steigt im Park Babelsberg sanft der Hügel mit dem Flatowturm auf, und nur einen kurzen Spaziergang vom Strandbad entfernt erhebt sich Schloss Babelsberg.

Ein etwa 50 Meter langer und 20 Meter breiter Sandstrand schmückt die Wiese am Wasser. Rechts und links rahmen ihn Bootsstege, eine zwischen ihnen gespannte Leine begrenzt keine 10 Meter vom Strand den Nichtschwimmerbereich; dort ist auch eine kleine Wasserrutsche. Danach wird der Tiefe See, wie der Name schon sagt, ziemlich schnell tief. Strandkörbe drapieren in lockerer Reihe die Grasfläche hinter dem Sandband. Ganz oben im nördlichen Strandbadbereich ist ›wilde Wiese‹, wo man sich hüllenlos sonnen darf.

Ein Imbiss mit kleinem Biergarten unter Kastanien und Eichen, ein Volleyballfeld, ein Kinderspielplatz und ein Bootsverleih komplettieren das Angebot. Trotz Parkidylle rundum ist es wegen der vielbefahrenen nahen Humboldtbrücke leider nicht wirklich ruhig.

*Strandbad Babelsberg*

▶ Karte S. 141

## Park und Schloss Babelsberg

*Am Tiefen See, rechts der Flatowturm*

Rund um den 78 Meter hohen Babelsberg erstreckt sich das sanft zum Tiefen See abfallende Gelände von Park und Schloss Babelsberg. Fast 120 Hektar groß, bildet es den östlichen Abschluss der spektakulären, von der UNESCO 1990 zum Weltkulturerbe erklärten Potsdamer Schlösser- und Gartenlandschaft. Seine Anfänge gehen auf das Jahr 1833 zurück, als Preußens großer Gartenkünstler Peter Joseph Lenné im Auftrag des späteren Kaisers Wilhelm I. mit der Gestaltung begann.

Im selben Jahr wurde auch der Grundstein zum Schloss Babelsberg gelegt. Die Sommerresidenz Wilhelms I. und seiner Gemahlin Augusta entstand in einer ersten Etappe bis 1835 nach Plänen Karl Friedrich Schinkels. Ab 1840 wurde das mit zahlreichen Erkern und Türmen geschmückte Bauwerk im neugotisch-englischen Stil zunächst noch von Schinkel, nach dessen Tod 1841 von Ludwig Persius und von 1845 bis 1849 von Johann Heinrich Strack umgebaut und erweitert.

Im Jahr 1843 wurden auch die Gartenbauarbeiten fortgeführt. Unter der Hand des Landschaftsarchitekten und Lebemanns Hermann Fürst von Pückler-Muskau entstanden bis 1867 zahlreiche neue Pflanzungen, Terrassen, Spazierwege und andere Gartenkleinode. Auch die Anlage selbst wuchs weiter an. Ursprünglich nur 72 Hektar groß, hatte sie nach mehrmaligen Erweiterungen 1875 schließlich ihre heutige Ausdehnung erreicht. Unweit vom Havelufer hatte Baumeister Persius bereits 1841/42 ein schlichtes Gartenhaus zum sogenannten Kleinen Schloss umgestaltet. Das schmucke weiße Gebäude in englischer Tudor-Gotik bewohnte zunächst Preußenprinz Friedrich Wilhelm, später diente es als Gästehaus. Ebenfalls von Ludwig Persius stammt das Dampfmaschinenhaus, das zwischen 1843 und 1845 am nördlichen Parkende Gestalt annahm. Zum Park Babelsberg gehören außerdem das mit hohen gotischen Giebeln versehene Matrosenhaus und die backsteinrote Gerichtslaube auf der Lennéhöhe, beide Gebäude nach Entwürfen von Johann Heinrich Strack.

Baumeister Strack war es auch, der dem Park Babelsberg seinen buchstäblichen Höhepunkt schenkte. Ab 1853 wurde nach seinen Plänen auf einem Hügel der 46 Meter hohe, weithin sichtbare Flatowturm errichtet. Als Vorbild diente der mittelalterliche Turm des Eschenheimer Tors in Frankfurt am Main, 1856 war der Wohnturm mit Wehrgang und Spitzhelm vollendet. Seine Räumlichkeiten sind teils noch original ausgestattet, und von der Aussichtsplattform bietet sich ein wunderbarer Panoramablick auf die Dächer von Potsdam, die Havelseen und die Parklandschaft

**Strandbad Babelsberg**

Am Babelsberger Park, 14482 Potsdam, Tel. 0331/6619834, www.swp-potsdam.de. Täglich 9–20 Uhr, Ew. 3 Euro, ermäßigt/Kinder 1.50 Euro.
**Touristeninformation**, Brandenburger Straße 3 (nahe Brandenburger Tor), Tel. 0331/275580, www.potsdam-tourismus.de, Mo–Fr 9.30–18 Uhr, Sa/So 9.30–16 Uhr, Zimmervermittlung. Postanschrift: Am Neuen Markt 1, 14467 Potsdam.

DRK, Schwimmmeister.

In Potsdam-Babelsberg über die Rudolf-Breitscheid-Straße, Alt Nowawes und Neue Straße zum Parkeingang Mühlentor (Mühlenstraße), dort ein kleiner Parkplatz; von dort den Weg in den Park spazieren, in den nächsten Weg links einbiegen und ihm bis zum Strandbad folgen (ca. 15 Minuten zu Fuß).

Ab S Babelsberg Bus 693, Tram 94, Tram 99 bis ›Humboldtring/Nuthestraße‹, von da zur Brücke vorlaufen und die Treppe hinab zum Parkeingang, der weitere Weg ist dort auf einer Tafel ausgeschildert (insgesamt ca. 15 Minuten zu Fuß). Fahrplaninfo: Tel. 0331/2759210, www.swp-potsdam.de.

Mit dem Schiff: Ab Bhf. Potsdam-Hafen mit dem Potsdamer Wassertaxi zwei Stationen nach ›Schloss und Park Babelsberg‹, Fahrplaninfo: Telefon 0331/2759210, www.potsdamer-wassertaxi.de.

**Schloss und Park Babelsberg**, Park Babelsberg 11, 14482 Potsdam, Telefon 0331/9694250, www.spsg.de, Di–So 10–18 Uhr.
**Flatowturm**, Park Babelsberg 12, 14482 Potsdam, Tel. 0331/9694249, www.spsg.de, Sa/So 10–18 Uhr.

## 80 Waldbad Templin am Templiner See

Südwestlich von Potsdam, nicht weit entfernt von der Eisenbahn-Radler-Fußgängerbrücke, schmiegt sich das Waldbad an eine Landnase, die in den Templiner See vorspringt. Schilf und Wald säumen die Ufer. Malerisch und weitläufig ist das Bad: über 40000 Quadratmeter groß, und beinahe 400 Meter kann man am Seeufer langlaufen, an dem sich zwischen dem Schilf immer wieder winzige Sandstrände öffnen. Seicht, sehr seicht geht es ins Wasser hinein, gute 40 Meter muss man gehen, bis es die Brust erreicht. Bojen markieren das Ende des Badebereichs gegen die Schifffahrtrinne, den Nichtschwimmerbereich zeigen Schilder im Wasser an. Für ordentlich Spaß im kühlen Nass sorgen eine Wasserrutsche für die kleinen sowie eine Badeinsel für die größeren Gäste. Den ganz Kleinen steht auf der Wiese in Ufernähe ein nur 20 bis 50 Zentimeter hoch mit Seewasser gefülltes Extra-Planschbecken zur Verfügung.
Am Ufersaum, den vereinzelt hier und da Birken schmücken, stehen Strandkörbe verstreut, dahinter erstreckt sich wahlwei-

▶ Karte S. 141

se Wiese oder Sand. Für diejenigen, die die Ruhe lieben, ist ein kleinerer Rasenbereich mit ein paar Strandkörben und schattenspendenden Bäumen nördlich vom Eingang reserviert. Nahebei finden sich ein Bootsverleih – Kajaks, Ruderboote, Spaßbananen –, Minigolf, Freiluftschach, Tischtennis und schließlich ein Imbiss mit Außenterrasse. Neben Limo, Eis und anderen typischen Strandbadlekkereien steht Grillfleisch auf der Speisekarte. Die unverzichtbaren Pommes Frites gibt es natürlich auch.

Im Zentrum des Waldbads verteilen sich über den Sand ein Volleyballfeld und ein großer Kinderspielplatz, weiter hinten auf der Wiese wird Basketball und Fußball gespielt. Der Bereich ganz im Süden ist für FFK-Freunde reserviert.

### Forsthaus, Moisl und Skihütte

Nur wenige Schritte über die Straße lädt gegenüber vom Waldbad das Forsthaus Templin zur zünftigen Einkehr ein. In der Schankstube oder draußen im Biergarten kommen eine herzhafte Brotzeit, Wildgulasch, Grillhaxe oder Braumeistersteak auf den Tisch. Dazu wird hausgebrautes naturtrübes Biobier ausgeschenkt.

Ebenfalls nur einen Steinwurf vom Waldbad entfernt kann man sich bei ›Moisl‹ Kanus, Ruder- und Tretboote leihen oder auch eine Runde Wasserski oder Wakeboard auf dem See drehen. Die nette Strandbar dazu, mit Sonnenschirmen und Topfpalmen, trägt sinnigerweise den Namen ›Skihütte‹.

*Strandbar bei ›Moisl‹ am Templiner See*

**Waldbad Templin**

FKK

Templiner Straße, 14473 Potsdam, Tel. 03 31/661 98 37, www.swp-potsdam.de. Tgl. 9–20 Uhr, Ew. 3 Euro, ermäßigt/Kinder 1.50 Euro.

DRK, Schwimmmeister.

In Potsdam-Zentrum südlich vom Hauptbahnhof an der großen Kreuzung rechts in die Leipziger Straße einbiegen (B 2), von dieser nach gut 1 km rechts in die Templiner Straße einschwenken, nach gut 4 km folgt ein großer gebührenpflichtiger Parkplatz direkt vor dem Waldbad.

RE 1 oder S bis Bhf. Potsdam, dort Bus 603 bis ›Potsdam, Forsthaus Templin‹ und von da nur noch wenige Schritte. Fahrplaninfo: Tel. 01 80/428 35 28, www.havelbus.de.

Ab Bhf. Potsdam-Hafen mit dem Wassertaxi zwei Stationen nach ›Strandbad/Forsthaus Templin‹, Fahrplaninfo: Tel. 03 31/275 92 10, www.potsdamer-wassertaxi.de.

Direkt hinter dem Waldbad werden vom Badbetreiber einfache Campingbungalows vermietet (4 - 6 Personen-Bungalow ab 21 Euro/Nacht), Telefon 03 31/661 98 37.

**Campingpark Sanssouci-Gaisberg**, An der Pirschheide 41, 14471 Potsdam, Tel. 03 31/951 09 88, www.camping-potsdam.de; gegenüber vom Waldbad auf der Westseite des Templiner Sees, Fußgänger und Radler erreichen den Platz über die Eisenbahnbrücke über den See (Brücke nicht für Pkw!).

**Braumanufaktur Forsthaus Templin**, Templiner Straße 102, 14473 Potsdam, Tel. 03 32 09/21 79 79, www.braumanufaktur.de, tgl. 11–23 Uhr.

**Moisl's Bootsvermietung und Wasserskischule**, Templiner Straße, 14473 Potsdam, Tel. 03 32 09/847 79, www.wassersport-caputh.de, täglich ab 10 Uhr.

## 81 Strandbad Caputh am Schwielowsee

▶ Karte S. 141

Als habe man ein Stückchen Mittelmeer in die Mark geholt, so hübsch erscheint das mit viel Liebe zum Detail gestaltete Strandbad Caputh. 1997 begann auf der Spitze der Halbinsel, die sich beim Örtchen Caputh zwischen Caputher Gemünde und Schwielowsee schiebt, der Bade- und Restaurationsbetrieb. Anfangs bestanden die Einrichtungen aus nicht viel mehr als einem Durchlaufkühler zum Bierzapfen, und seither wird Schritt für Schritt am Strandbad gewerkelt, und das nur mit natürlichen Materialien: Holz, Backstein, Kiesel, Schilf, Stroh und Feldsteine. Plastik, Nierosta oder Beton wird man nirgendwo finden, und so wirkt die insgesamt 14 500 Quadratmeter große Anlage wie organisch gewachsen.

*Strandbad Caputh*



Über den Restaurantbereich gelangt man zugleich ins Strandbad hinein. Links auf dem äußersten Landzipfel bietet ein Bootsverleih neben Tretbooten, Kanus und Kajaks außerdem Surfbretter und Segelboote an; eine Surf- und Segelschule ist angeschlossen. Nahebei genießt man im Schatten einer ausladenden alten Weide auf der Holzbohlenterrasse des Ristorante ›Castello del Lago‹ frisch zubereitete apulische Bauernküche. Rechts davon beginnt der 250 Meter lange, recht schmale Strand; zunächst als geschmackvoll angelegter Strandrestaurant- und Cocktailbar-Bereich mit großer Barbecue-Feuerstelle und allabendlich Lagerfeuer, anschließend folgt pures Badevergnügen. Vor dem dichten Saum grüner Bäume schmükken aus Schilf und Stroh gefertigte Sonnenschirme den feinen Sand. Sonnenliegen stehen bereit, ein Beachvolleyballnetz darf natürlich nicht fehlen, und auf weichem Sand geht es in den seichten Schwielowsee hinein.

Die imaginäre Grenze zwischen Textil und FKK bildet nach etwa zwei Drittel des Badestrands eine hölzerne Seebrükke, auf der ein Pavillon obenauf über dem Wasser schwebt. Innen Cocktailbar mit Rundumblick und außen von einer Terrasse umzogen, lässt sich hier das süße Leben genießen, wahlweise auf der Seebrücke oder unten am Strand – bei herrlichem Abendwetter begleitet von einem großartigen Himmelstheater, wenn gegenüber am Westufer die rote Sonne im See versinkt.

Das Strandbad ist auch für Rollstuhlfahrer geeignet, vor dem Waldsaum führt ein ebener Holzdielenweg über die gesamte Sandlänge. Nur die entsprechende Sanitäreinrichtung fehlt noch, sie ist aber, wie versichert wurde, in Arbeit.

## Sehenswertes in Caputh

Größte Sehenswürdigkeit im keine 4500 Einwohner kleinen Caputh ist das kurfürstlich-königliche Schloss Caputh. Ab 1662 wurde es auf Veranlassung des Großen Kurfürsten Friedrich Wilhelm erbaut. 1671 schenkte er es Kurfürstin Dorothea, seiner zweiten Gemahlin, die dem frühbarocken Gemäuer die Gestalt verlieh, in der es heute noch steht. Die Gemächer des Kurfürstenpaares und der Speisesaal mit 7500 holländischen Fayencen, jede einzelne ein Unikat, können besichtigt werden. Schloss Caputh ist der einzige erhaltene Schlossbau in der Potsdamer Schlösser- und Gartenlandschaften, der noch aus der Zeit des Großen Kurfürsten stammt.

Gegenüber vom Schloss erhebt sich mit einem freistehenden Campanile die neoromanische Caputher Kirche. Der Entwurf für die 1852 fertiggestellte Pfeilerbasilika mit klassizistischer Inneneinrichtung stammt aus der Feder des Schinkel-Schülers Friedrich August Stüler.

Am Waldrand auf einer kleinen Anhöhe über Caputh steht das Sommerhaus Albert Einsteins. Der geniale Physiker und Nobelpreisträger liebte die stille Natur rund um den Schwielowsee und vor allem die ausgedehnten Segeltörns mit seinem Boot kreuz und quer über die Havelseen. 1929 ließ er sich von Konrad Wachsmann das geräumige Holzhaus mit herrlichem Seeblick erbauen. Für die folgenden drei Sommer war es Treffpunkt der wissenschaftlichen und kulturellen Elite der Weimarer Republik. Nachdem Einstein nach der Machtübernahme Hitlers Anfang 1933 aus den USA nicht mehr zurückgekehrt war, wurde das Haus von den Nationalsozialisten konfisziert.

Bereits seit 1853 befördert die alte Caputher Seilfähre ›Tussy‹ Fußgänger und Kutschen bzw. Motorkutschen über das Caputher Gemünde. 1998 durfte sie sich verdienterweise zur Ruhe setzen. Seitdem trägt ›Tussy II‹ die Passagiere vom Caputher zum Geltower Ufer.

### Strandbad Caputh

Weg zum Strandbad 1, 14548 Schwielowsee/OT Caputh, Telefon 03 32 09/808 51, www.strandbad-caputh.de. Tgl. ab 9 Uhr, Ew. 4 Euro, Kinder bis 14 Jahre 1 Euro.

**Touristeninformation**, Schwielowsee-Tourismus e.V., Straße der Einheit 3 (im Bürgerhaus), 14548 Schwielowsee/OT Caputh, Tel. 03 32 09/708 99, www.schwielowsee-tourismus.de, Mo–Fr 11–16 Uhr, Sa/So 11–14 Uhr, Zimmervermittlung.

Baden auf eigene Gefahr.

Von Potsdam-Hauptbahnhof über die Lange Brücke links in die Breite Straße, nach ca. 600 Metern der abknickenden Vorfahrt in die Zeppelinstraße (B 1 Richtung Brandenburg) folgen, bis Geltow fahren, im Ortskern Geltow links (südlich) in die Caputher Chaussee einbiegen,

*Die Kirche in Caputh ist ein Werk Stülers*

auf der Straße bleiben bis nach einem kurzen Waldstück Bahngleise kreuzen, diese queren und gleich danach rechts in das schmale Asphaltband einbiegen, an dessen Ende unmittelbar am Gemünde ein großer Parkplatz und direkt um die Ecke das Strandbad liegt.

► Etwas länger, aber erlebnisreicher ist die Anfahrt über das östliche Seeufer mit Wagen und Seilfähre: In Potsdam-Zentrum südlich vom Hauptbahnhof an der großen Kreuzung rechts in die Leipziger Straße einbiegen (B 2), von dieser nach gut einem Kilometer rechts in die Templiner Straße einschwenken, auf dieser bis nach Caputh, im Ortskern Caputh keine 200 Meter nach dem Schloss in die Weberstraße und dort gleich wieder links in die Straße der Einheit, an deren Ende sich die Fährstelle befindet.

Weiterfahrt nach dem Übersetzen: Nach etwa 500 Metern auf der Geltower Chaussee noch vor den Bahngleisen links in das schmale Asphaltband einbiegen, durchfahren bis zum Parkplatz, das Strandbad liegt direkt um die Ecke. Alternativ besteht die Möglichkeit, den Wagen am Ostufer in Caputh abzustellen (ca. 300 Meter südlich vom Fähranleger auf einem Wiesenparkplatz), zur Uferpromenade vorzulaufen, links einzuschwenken und kurz danach über die Brücke zum Strandbad am gegenüberliegenden Ufer zu spazieren.

RB 22 bis Bhf. Schwielowsee bzw. RE 1 oder S bis Bhf. Potsdam und von dort Bus 603 bis ›Caputh, Bahnhof Schwielowsee‹, vom Bahnhof die Schwielowseestraße zur Brücke laufen und das Caputher Gemünde überqueren, von der Brücke aus ist das Strandbad bereits zu sehen. Fahrplaninfo: Telefon 0180/4283528, www.havelbus.de.

Ab Bhf. Potsdam-Hafen mit der Weißen Flotte bis Station ›Caputh-Gemünd‹, Fahrplaninfo: Telefon 0331/2759210, www.schiffahrt-in-potsdam.de.

**Campingplatz Himmelreich**, Wentorfinsel, 14542 Caputh-Geltow, Tel. 033209/70475, www.camingplatz-caputh. Auf der Landnase zwischen Petzinsee und Schwielowsee, etwa 1 km zum Strandbad.

**Schloss Caputh**, Straße der Einheit 2, 14548 Schwielowsee/OT Caputh, Tel. 033209/70345, www.spsg.de, Di–So 10–18 Uhr.

**Dorfkirche Caputh**, Straße der Einheit, 14548 Schwielowsee/OT Caputh, Sa/So 14–16 Uhr.

**Sommerhaus von Albert Einstein**, Am Waldrand 15-17, 14548 Schwielowsee/OT Caputh, Sa/So 10–18 Uhr.

**Caputher Seilfähre**, tgl. 6–22 Uhr im Pendelverkehr.

▲ Karte S. 141

## 82 Strandbad Ferch am Schwielowsee

Urig, klein, gemütlich: Gut 2000 Quadratmeter relativ schmale Wiese erstrecken sich zwischen Seeufer und Landstraße kurz vor dem Örtchen Ferch am südlichen Scheitel des Schwielowsees. Buschwerk und grüne Ranken machen den Maschendrahtzaun zur Straße hin blickdicht und schlucken zugleich die

Verkehrsgeräusche. Auf der Wiese steht ein großer Baum und spendet Schatten, nahebei kann man Volleyball spielen, und eine alte Telefonzelle mit Milchglasscheiben zum Sichtschutz dient, wer denn möchte, als Umkleidekabine.
Vor dem Imbiss-Pavillon in Eingangsnähe liegt eine kleine Speiseterrasse, von der aus sich zu Würstchen und Pommes eine fantastische Aussicht über den gesamten See bis weit in die Ferne eröffnet. Vor der Wiese und einem sehr schmalen Sandband gibt das Schilf einen etwa 30 Meter langen Badezugang frei, über den es so sanft hineingeht, dass man erst nach gut 20 Metern Entfernung zum Ufer mit dem Bauchnabel im Wasser steht. Kleine Bojen zeigen weiter draußen das Ende des Schwimmerbereichs an.

### Fercher Dorfkirche

Auf einem Hügelchen in der Dorfmitte steht die 1630 erbaute Fercher Dorfkirche. Außen ist sie fachwerkgeschmückt, aber auch ein Blick in das Innere des kleinen Gotteshauses lohnt. Unter der wölkchenverzierten Holzdecke schwebt ein hölzerner Taufengel, die Decke selbst, als Tonne gewölbt, erscheint in Form eines auf dem Kopf liegenden Fischerkahns.

#### Strandbad Ferch am Schwielowsee

Dorfstraße 41a, 14548 Schwielowsee/OT Ferch, Tel. 03 32 09/702 95, www.schwielowsee-camping.de. Tgl. 10–20 Uhr, Erwachsene 2 Euro, Kinder 1 Euro, ab 17 Uhr ermäßigter Eintritt.

Baden auf eigene Gefahr.

Von Potsdam-Zentrum südlich vom Hauptbahnhof an der großen Kreuzung rechts in die Leipziger Straße einbiegen (B 2), von dieser nach gut 1 km rechts in die Templiner Straße einschwenken, auf dieser bis Ferch fahren, das Strandbad mit kleinem Parkplatz vor dem Tor (ein größerer nur wenig weiter in Richtung Ortszentrum am ›Landhaus Ferch‹) findet sich kurz nach dem nördlichen Ortseingang.

RE 1 oder S bis Bhf. Potsdam, von dort Bus 603 bis ›Ferch, Badestrand‹. Fahrplaninfo: Tel. 01 80/428 35 28, www.havelbus.de.

Mit dem Schiff: Ab Bhf. Potsdam-Hafen mit der **Weißen Flotte** bis Station ›Ferch, Strandbad‹, Fahrplaninfo: Tel. 03 31/275 92 10, www.schiffahrt-in-potsdam.de.

**Landhaus Ferch**, Dorfstraße 41, 14548 Schwielowsee/OT Ferch, Tel. 03 32 09/703 91, www.landhaus-ferch.de, DZ/F ab 67 Euro. Moderner Mitteklassekomfort, unmittelbar neben dem Strandbad. Das Restaurant serviert deutsche Küche von Rinderroulade über Schweinsteak bis knusprig gebackene Ente, die Sommerspeiseterrasse mit Seeblick.

**Schwielowsee Camping Ferch**, Dorfstraße 50, 14548 Schwielowsee/OT

Ferch, Tel. 03 32 09/702 95, www. schwielowsee-camping. Waldcampingplatz, nur wenige Minuten zu Fuß vom Strandbad entfernt, mit Fahrradverleih.

Bootsverleih **Kapitäns-Club Ferch**, Dorfstraße 39, 14548 Schwielowsee/ OT Ferch, Tel. 03 32 09/704 32. Ruder- und Tretboote, Jollen und führerscheinfreie Motorboote, mit angeschlossenem Imbiss und kleinem Biergarten, wenige Schritte vom Strandbad entfernt.

**Fischerkirche Ferch**, Beelitzer Straße, 14548 Schwielowsee/OT Ferch, keine festen Öffnungszeiten.

## 83 Badestelle im Petzower Schlosspark am Schwielowsee

Das Örtchen Petzow liegt malerisch zwischen Glindower See, Schwielowsee und dem kleineren Haussee. Ortskern und Schinkelsche Dorfkirche liegen auf einem Hügel, unten am Schwielowseeufer dehnen sich Schloss und Park Petzow aus. Dort, nur über eine winzige Landbrücke mit dem Festland verbunden, lädt auf der südöstlichen Seite der ›Nehrung‹ zwischen Haussee und Schwielowsee eine etwa 500 Quadratmeter kleine Wiese mit Badezugang zwischen dem Schilf zum Sprung ins Wasser ein. Von einem Stranderlebnis für einen ganzen langen Tag kann zwar keine Rede sein, dafür ist die Wiese zu klein. Sie wird jedoch gern von Radlern auf den beliebten Touren rund um den Schwielowsee für einen Zwischenstop genutzt; mit anschließender Einkehr in eines der Gartenlokale nahebei.

*Vorbereitungen für die Badesaison*

▲ Karte S. 141

### Sehenswertes in Petzow

Im Jahr 1825 ließ Friedrich August von Kaehne, Gutsbesitzer, Amtsrat und reichster Mann im Dorf Petzow, am Ufer des Schwielowsees im kuriosen Mix aus italienischem Castello- und englischem Tudorstil ein schmuckes kleines Schloss errichten. 13 Jahre später gestaltete Peter Joseph Lenné den Schlosspark nach englischer Art. Zu trauriger Berühmtheit gelangten die Kaehnes, als Karl von Kaehne im Mai 1943 den soeben aus KZ-Haft entlassenen Ingenieur Alfred Mehlhemmer im Park erschoss. Die Umstände der Tat wurden nie richtig geklärt. Ein Gedenkstein erinnert daran. Das Schloss diente nach 1945 als FDGB-Erholungsheim, war von 1990 bis 2003 ein Hotel und fiel anschließend in einen Dornröschenschlaf. Voraussichtlich im Sommer 2009 wird es, frisch restauriert, als Luxushotel wiedereröffnen.

Die Petzower Dorfkirche auf dem Grelleberg ist ein Werk Karl Friedrich Schinkels. Sie wurde 1840/41 errichtet und vom Schinkelschüler Friedrich August Stüler vollendet. Von ihrem Kirchturm aus genießt man einen wundervollen Blick weit über das havelländische Mosaik aus Wasser und Land.

Vor dem Schloss in der Zelterstraße wird in der ›Fontane-Klause‹ drinnen und draußen im gemütlichen Garten leckere regionale Küche serviert: Obst und Gemüse von heimischen Anbietern, frischer Fisch aus den Seen und Wild aus den Wäldern rundum, hausgebackener Kuchen und Eis aus eigener Produktion.

### Badestelle im Petzower Schlosspark

Schlosspark Petzow, 14542 Werder/OT Petzow.

Baden auf eigene Gefahr.

Von Potsdam auf der B 1 (via Brandenburg) Richtung Geltow, Geltow durchfahren und kurz nach der Überquerung der Baumgartenbrücke über die Havel von der B 1 links (südlich) in die Straße am Schwielowsee via Petzow einbiegen; nachdem die Straße in Petzow eine kleine Anhöhe genommen hat und rechts auf dem Hügel die Dorfkirche zu sehen ist, links in die Zelterstraße einbiegen, am Schloss Petzow befindet sich ein großer gebührenpflichtiger Parkplatz; von dort in den Park zum Haussee hinunterlaufen. An der schmalsten Landstelle zwischen Haussee und Schwielowsee liegt die Badestelle (ca. 10 Minuten Fußweg).

RE 1 oder S bis Bhf. Potsdam, dort Bus 603 bis ›Petzow, Schlosspark‹; oder RE 1 bis Bhf. Werder/Havel, dort Bus 631 bis ›Werder, Riegelspitze‹, von da auf der Fercher Straße durch die Felder bis Petzow spazieren (knapp 2 km), ab dort wie unter ›Auto‹ beschrieben. Fahrplaninfo: Tel. 0180/4283528, www.havelbus.de.

Ab Bhf. Potsdam-Hafen mit der Weißen Flotte bis Station ›Petzow‹. Fahrplaninfo: Tel. 0331/2759210, www.schiffahrt-in-potsdam.de.

**Campingplatz Riegelspitze**, Fercher Straße, 14542 Werder/OT Petzow,

Tel. 03327/42397, www.campingplatz-riegelspitze.de. Großer Vier-Sterne-Platz 2 km nördlich von Petzow in Richtung Werder.

**Fontane-Klause**, Zelterstraße 2, 14542 Werder/OT Petzow, Telefon 03327/42344, www.fontane-klause.de, Mi–Mo ab 11.30 Uhr.

**Waschhaus im Petzower Schlosspark**, So 13–17 Uhr.
**Dorfkirche Petzow**, Fr 13–18 Uhr, Sa/So 11–18 Uhr.

## 84 Strandbad Werder am Großen Plessower See

Die Baumblütenstadt Werder ist auf drei Seiten von Seen umgegeben und lädt in dieser traumhaften Lage zu vielfältigen Wassersportmöglichkeiten ein. Das Strandbad Werder schmiegt sich westlich vom Ortszentrum im Schutz eines bewaldeten Steilhangs ans Ufer des Plessower Sees. Oberhalb führt vom Straßenniveau eine lange Treppe mit vielen Stufen zur etwa 3500 Quadratmeter großen Liegewiese hinunter. Erlen und Schilf säumen das Ufer, dazwischen öffnet sich eine Sandfläche für den Badeeinstieg. Linkerhand von einem Bootssteg begleitet, geht es ins Wasser hinein. Am Ende des Stegs ist der seichte Nichtschwimmerbereich mit Wasserrutsche durch eine Leine begrenzt. Im ebenfalls durch Leinen markierten Schwimmerbereich kann man sich auf einer Badeinsel ausstrecken, außerhalb der Markierungen wird der See schlagartig tief.

Am Ende der Wiese liegen vor dem Steilhang die Sanitäreinrichtungen, ein Imbiss sorgt für Speisen und Erfrischungsgetränke. Eine weitere Wiese, ringsum von Bäumen umgeben und ohne Seeblick, bietet ausreichend Platz für ein Volleyballfeld, Federball und eine Grillstelle.

### Sehenswertes in Werder

Kirche und Bockwindmühle sind die Wahrzeichen von Werder. Sie erheben sich inmitten der kopfsteingepflasterten Altstadtgassen mit ihren hübsch restaurierten märkischen Bürgerhäuschen auf der havelumflossenen Werderaner Inselstadt. Die Heilig-Geist-Kirche wurde nach Plänen Friedrich August Stülers (1856–1858) auf Grundmauern aus dem 13. Jahrhundert errichtet. Innen schmücken sie hölzerne Emporen und ein Altarbild, das Christus als Apotheker darstellt.

In der Nachbarschaft wartet in einem Anbau neben dem Rathaus das Obstbaumuseum auf einen Besuch. In Bildern und anhand von zahlreichen Gerätschaften zeigt es die Geschichte des traditionsreichen Obst- und Weinbaus sowie der Fischerei rund um Werder auf. Wenige Schritte entfernt thront die Bockwindmühle über der Havel. 1987 wurde sie anstelle einer 1973 abgebrannten Vorgängerin aufgebaut. Noch einmal sechs Jahre später drehten sich aus Anlass des seitdem jährlich im August begangenen Mühlenfests erstmals auch wieder die Mühlenflügel.

Mittlerweile nicht mehr nur in der Region, sondern deutschlandweit bekannt ist das Baumblütenfest. Bereits seit 1879 wird es immer Ende April/Anfang Mai zur Obstbaumblüte rund um die Inselstadt mehrere Tage lang begangen. Auf dem Rummelplatz, in den Altstadtgassen und in zahlreichen blühenden Obstgärten kommen rund eine halbe Million Menschen zusammen, um Werders berühmte Spezialität, den Obstwein, gebührend zu feiern.

▶ Karte S. 141

*Der Imbiss im Strandbad Werder*

## Strandbad Werder

Am Plessower See 46, 14542 Werder, Tel. 03327/42111. Tgl. 9–21 Uhr, Ew. 2 Euro, Kinder 1 Euro.

**Touristeninformation Werder**, Kirchstraße 6/7 (auf der Inselstadt neben dem Alten Rathaus), 14542 Werder (Havel), Tel. 03327/783374, www.werder-havel.de, Mo/Mi/Do/Fr 9–16 Uhr, Di 9–18 Uhr, Sa/So 13–17 Uhr, Zimmervermittlung.

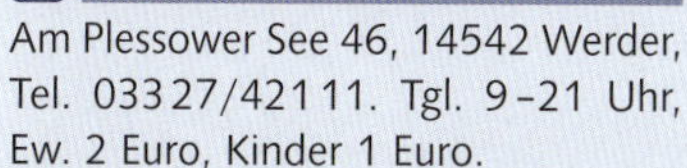

Rettungsschwimmer.

Anfahrt über BAB 10 Abfahrt Phöben, auf der Phöbener Straße nach Werder, etwa 200 m nach dem Überqueren des Bahndamms rechts (westlich) in die Kesselgrundstraße einbiegen, an deren Ende links (südlich) in die Chemnitzer Chaussee, nach knapp 1 km rechts (westlich) in die Margarethenstraße einschwenken, dieser 1 km erst durch eine Gartensiedlung, dann durch den Wald bis zum Strandbad folgen, dort ein kleiner Parkplatz.

Anfahrt über Potsdam: Auf der B 1 (via Brandenburg) nach Werder, nach der Havelbrücke kurz vor Werder nicht in die Potsdamer Straße Richtung Ortszentrum abbiegen, sondern auf der B 1 bleiben (Berliner Straße), ca. 2 km später kurz nach dem Abzweig rechts (nördlich) in das Sträßlein Am Plessower See einbiegen, nach knapp 1 km ist das Strandbad erreicht.

RE 1 bis Bhf. Werder, von dort Citybus 635 bis ›Margarethenstraße‹, der Margarethenstraße (sie wechselt später den Namen in ›Am Plessower See‹) erst durch die Gartensiedlung, anschließend durch Wald bis zum Strandbad folgen (ca. 1 km Fußweg). Fahrplaninfo: Tel. 01 80/42 35 28, www.havelbus.de.

Die Anlegestelle der Weißen Flotte befindet sich an der Uferpromenade auf der Werder-Insel beim Hotel ›Prinz Heinrich‹. Fahrplaninfo: Tel. 03 31/ 275 92 10, www.schiffahrt-in-potsdam.de.

**Hotel Prinz Heinrich**, Fischerstraße 48b, 14542 Werder/Havel, Tel. 033 27/73 20 60, www.hotelprinzheinrich.de. Reizendes Drei-Sterne-Hotel in einer um 1900 erbauten Villa, an der Uferpromenade auf der Insel, mit Restaurant und kleinem Café-Garten am Bootssteg.

**Campingplatz Riegelspitze**, Fercher Straße, 14542 Werder/OT Petzow, Tel. 033 27/423 97, www.campingplatz-riegelspitze.de. Großer Vier-Sterne-Platz 2 km nördlich von Petzow in Richtung Werder.

**Heilig-Geist-Kirche**, Kirchstraße 4 (auf der Werder-Insel), tgl. 10–18 Uhr.
**Obstbaumuseum und Bockwindmühle**, Kirchstraße 6 und 7 (auf der Werder-Insel), Mi 11–16 Uhr, Sa/So 13–17 Uhr.

*Eine der vielen schönen Badestellen in Brandenburg*

▲ Karte S. 141

## Internethinweise

**www.berlin.de/badegewaesser**
Unter dieser Adresse finden sich alle Berliner Badestellen mit Angaben zum Ort sowie der aktuellen Wassergüte und Sichttiefe auf einen Blick, präsentiert vom Berliner Landesamt für Gesundheit und Soziales. Darüber hinaus unterhält das LAGeSo unter Tel. 030/90 12 55 55 rund um die Uhr ein Badegewässertelefon, das über die Wasserqualität der Berliner Flüsse und Seen informiert.

**www.brandenburg.de/cms/detail.php/lbm1.c.223803.de**
Auf diesen Seiten bietet das Landesumweltamt Brandenburg eine Badestellenkarte sowie eine Gesamtliste der brandenburgischen Badegewässer mit jeweiligen Informationen zu Sichttiefe und Wasserqualität an.

## Öffentlicher Nahverkehr

**Barnimer Busgesellschaft (BBG)**: Tel. 033 34/23 50 03, www.bbg-eberswalde.de.
**Berliner Verkehrsbetriebe (BVG)**: Tel. 030/194 49, www.bvg.de.
**Busverkehr Märkisch-Oderland (BMO)**: Tel. 033 41/47 83 10, www.busmol.de.
Busverkehr Oder-Spree (BOS): Tel. 033 61/556 10, www.bos-fw.de.
**Havelbus Verkehrsgesellschaft (HVG)**: Tel. 0180/428 35 28, www.havelbus.de.
**Niederbarnimer Eisenbahn (Heidekrautbahn)**: Tel. 030/396 01 13 44, www.neb.de.
**Ostdeutsche Eisenbahn (ODEG)**: Tel. 030/514 88 88 88, www.odeg.info.
**Regionalbahnen der Deutschen Bahn**: Tel. 01 80/599 66 33, www.bahn.de.
**Regionale Verkehrsgesellschaft Dahme-Spreewald**: kein telefonischer Service, www.rvs-lds.de.
**S-Bahn Berlin**: Tel. 030/29 74 33 33, www.s-bahn-berlin.de.
**Stadtwerke Potsdam**: Tel. 03 31/275 92 10, www.swp-potsdam.de.
**Strausberger Eisenbahn**: Tel. 033 41/225 65, www.strausberger-eisenbahn.de.
**Woltersdorfer Straßenbahn**: Tel. 03362/881230, www.woltersdorfer-strassenbahn.de.

## Die Autorin

Kristine Jaath, 1962 in Würzburg geboren, zog 1981 in den damals noch eingemauerten Westteil Berlins und lebt seitdem bis auf einen Studienaufenthalt in Rom ununterbrochen am grünen Strand der Spree. Sie studierte Germanistik, Religionswissenschaften und Italienisch in Rom und Berlin, arbeitete anschließend sechs Jahre beim öffentlich-rechtlichen Radiosender RIAS Berlin (seit 1990 DeutschlandRadio) und widmet sich seit Mitte der 1990er Jahre ausschließlich der Reiseschriftstellerei. Sie veröffentlichte zahlreiche Texte und Bildbände sowie Reiseführer über Deutschland, Italien und Polen. Im Trescher Verlag sind von ihr der Titel ›Baden in und um Berlin‹ und der Reiseführer ›Brandenburg‹ erschienen.

## Ortsregister


### A

Alte Fischerhütte 56

### B

Babelsberg 147
Badeanstalt am Straussee 106
Badestelle am Nordufer des Rahmer See 85
Badestelle gegenüber der Insel Reiswerder 28
Badestelle im Petzower Schlosspark am Schwielowsee 156
Badestelle Kuhhorn 43
Badestellen am Liepnitzsee-Nordufer 94
Badestellen am Pätzer Tonsee 131
Badestellen am Schlachtensee 57
Badestellen an der Bammelecke 75
Badestellen an der Krummen Lanke 56
Badestellen gegenüber der Pfaueninsel 53
Badestellen nahe Strandbad Tegel 27
Badestelle Schildhorn 42
Badestrand am Gorinsee 82
Badestrand am Grunewaldturm 45
Badestrand am Nordufer des Sacrower Sees 145
Badestrand am Obersee 97
Badestrand am Reiherhorst 121
Badestrand am Todnitzsee 128
Badestrand am Werlsee-Nordufer 119
Badestrand an der Lieper Bucht 47
Badestrand an der Wasserskistrecke 48
Badestrand Bürgerablage 23
Badestrände an den Kiesseen in Bestensee 132
Badestrände an den Ruhlsdorfer Kiesseen 101
Badestrand Flughafensee 30
Badestrand Großes Fenster/Große Steinlanke 49
Badestrand im Saatwinkel 29
Badestrand Kleiner Müggelsee 65
Badestrand Schmöckwitz 76
Badestrand und Waldbadestellen am Gamensee 105
Badewiese ›Am Film‹ am Kalksee 115
Badewiese ›Am Gräbchen‹ am Krossinsee 77
Badewiese ›Strand 14‹ am Pätzer Vordersee 129
Badewiese am Nordostufer des Groß-Glienicker Sees 142
Badewiese am Südostufer des Groß-Glienicker Sees 142
Badewiese am Teufelssee 54
Badewiese am Westufer des Groß-Glienicker Sees 144
Badewiese am Wolziger See 139
Badewiese am Ziestsee 137
Badewiese und Restaurant Fischerstube 88
Badewiese unterhalb vom Müggelturm 70
Bernsteinsee bei Velten 81
Bestensee 128, 132
Biesdorfer Baggersee 38
Biesenthal 99
Bindower Gartensiedlung 137
Birkenheide 135
Blossin 138
Bötzsee 108
Bötzssee 109

### C

Campingplatz-Badestrand am Lankensee 126
Caputh 150

### D

Dahme 58
Dahme-Seengebiet 123
Dämeritzsee 113

### E

Eggersdorf 108

Erkner 113

F
Fängersee 110
Ferch 154, 155
Flakensee 117
Flughafensee 30
Flussbadestelle Teppich 60
Flussbad Gartenstraße 67
Friedrichshagen 61

G
Gamensee 105
Gatow 41
Gedenkstätte Plötzensee 33
Glindower See 156
Gorinsee 82
Groß-Glienicker See 142
Große Badewiese in Gatow 41
Große Krampe 75, 76
Großer Plessower See 158
Großer Tonsee 127
Großer Werder 95
Große Steinlanke 49
Groß Glienicke 144
Grünau 68
Grunewald 39
Grunewaldturm 45
Grünheide 119
Grünheider Seengebiet 105

H
Havellandseen 140
Heiligensee 24
Hennickendorf 112

J
Jaczo-Denkmal 43
Jungfernheideteich 32

K
Kalksee 115
Kleine Badewiese in Gatow 41
Kleiner Müggelsee 65
Kleiner Tonsee 127
Kolberg 139
Kolonie Rahmer See 84
Königs Wusterhausen 124
Köpenick 67
Körbiskrug 127, 128
Kranichsberg 117
Krimnicksee 124
Krossinsee 77
Krumme Lanke 56
Kuhhorn 43

L
Langer See 75, 76
Lankensee 126
Liepnitzsee 91, 93, 94
Lindwerder 47

M
Motzen 133
Motzener See 133, 135
Müggelberge 71
Müggelsee 60, 61, 64
Müggelspree 58, 63

N
NABU-Freilandlabor 31
Nieder Neuendorfer See 24

O
Oberhavel 23
Obersee 97
Ökowerk 54
Orankesee 37

P
Pätz 129
Pätzer Tonsee 131
Pätzer Vordersee 129
Peetzsee 121
Peetzsee-Südufer 121
Petzow 156
Pfaueninsel 53
Plessower See 158
Plötzensee 33
Potsdam 146

R
Rahmer See 84, 85
Reiswerder 28, 29
Rüdersdorf 115
Ruhlsdorf 101

S
Sacrower See 145
Schildhorn 42
Schlachtensee 57
Schwarzer Stubben/Weißer Strand 117
Schwielowsee 150, 154, 156
Seddinsee 76
Seebad Friedrichshagen 61
Seebad Heiligensee 24
Seebad Motzen am Motzener See 133
Seebad Wendenschloss 68
Seefeld 84
Spitzmühle 110
Stienitzsee 112
Stolzenhagener See 86, 88
Strandbad am Rahmer See 84
Strandbad Babelsberg am Tiefen See 146
Strandbad Bötzsee 108
Strandbad Caputh am Schwielowsee 150
Strandbad Erkner am Dämeritzsee 113
Strandbadestelle am Liepnitzsee-Südwestufer 95
Strandbad Ferch am 154
Strandbad Grünau 73
Strandbad Jungfernheide 32
Strandbad Kallinchen am Motzener See 135
Strandbad Lübars 25
Strandbad Müggelsee 64
Strandbad Neue Mühle am Krimnicksee 124
Strandbad Orankesee 37
Strandbad Plötzensee 33
Strandbad Stienitzsee 112
Strandbad Stolzenhagener See 86
Strandbad Tegel 27
Strandbad Wandlitzsee 89
Strandbad Wannsee 50
Strandbad Weißensee 35
Strandbad Werder am Großen Plessower See 158
Strandbad Wolzig am Wolziger See 138
Strandbad Wukensee 99
Strausberg 106
Straussee 106

T
Tegeler See 27, 28, 29
Templiner See 148
Teufelsberg 54
Teufelssee 54, 71, 72
Tiefer See 146
Todnitzsee 128

U
Unterhavel 39

V
Velten 81

W
Waldbadestelle am Fängersee 110
Waldbadestellen am Bötzsee 109
Waldbad Liepnitzsee 91
Waldbad Templin am Templiner See 148
Waldsiedlung Wandlitz 93
Wandlitz 89, 91
Wandlitzer See 89
Wandlitzer Seengebiet 81
Wannsee 50
Weißer See 35
Werder 158
Werlsee 119, 120
Wirtshaus Schildhorn 43
Woltersdorf 115, 116, 117
Wolziger See 138, 139
Wukensee 99

**Z**
Ziegeleisee 25
Ziestsee 137

## Personen- und Sachregister

**A**
Algen 17

**B**
Bademöglichkeiten 15
Badesaison 15
Barth, Erwin 32
Blaue Flagge 17

**D**
Dinse, August Ferdinand 100

**E**
Einstein, Albert 153
Ekbatani, Darius 29
Ermisch, Richard 50

**F**
Fontane, Theodor 53
Friedrich Wilhelm (Großer Kurfürsten) 153
Friedrich Wilhelm I. 124
Friedrich Wilhelm II. 53
Friedrich Wilhelm IV. 125

**H**
Hauptmann, Gerhart 114

**K**
Kaehne, Friedrich August von 157
Kaehne, Karl von 157

**L**
Lenné, Peter Joseph 53, 147, 157
Luise (preußische Königin) 53

**M**
May, Joe 116
Mehlhemmer, Alfred 157

**P**
Persius, Ludwig 147
Pückler-Muskau, Hermann Fürst von 147

**S**
Schinkel, Karl Friedrich 53, 147, 157
Strack, Johann Heinrich 147
Stüler, Friedrich August 43, 153, 157

**W**
Wagner, Martin 50, 64
Wagner, Wilhelm 89
Waldbrandgefahr 16
Wasserqualität 17
Wilhelm I. 147

## Bildnachweis

Alle Fotos Kristine Jaath, außer:
Rupert Bergmann (S. 55), Dieter Chill (Titel), René Frost (S. 71, 72), Robert Köhring (S. 125), Nicole Reckziegel (S. 103), Claudia Sperlich (S. 36), Günter Türschmann (S. 111).
Titel: o.T.
Vordere Umschlagklappe: Strandbad Wansee
S. 12/12: Im Strandbad Orankesee
S. 20/21: Am Kleinen Müggelsee
S. 78/79: Am Wukensee
Hintere Umschlagklappe: Strandbad Caputh

TUI
Weltentdecker
Städte erleben
TUI Städte erleben –
Vorhang auf für besondere
Städte-Erlebnisse
Sie haben es sich verdient.
Entdecken Sie mit TUI die spannendsten Metropolen Europas. Buchen Sie ganz bequem Tickets für eine von über 20.000 Veranstaltungen gleich mit. Mehr dazu im TUI Weltentdecker Katalog Städte erleben, im TUI Reisebüro oder unter
www.tui.com/staedtereisen.
TUI
Weltentdecker

## BRANDENBURG

Brandenburg beeindruckt vor allem mit seinen Naturschönheiten: weite Ebenen und sanfte Hügel, naturbelassene Flußlandschaften von Havel, Oder, Spree und Elbe, der einzigartige Spreewald. Gleichzeitig finden sich in dem Land zahlreiche Klöster, Herrenhäuser und malerische Kleinstädte.
Dieser Reiseführer präsentiert Brandenburg in seiner Vielfalt und stellt alle Regionen und Sehenswürdigkeiten vor. Umfangreiche reisepraktische Hinweise, für Aktiv- und Kultururlauber geeignet.
350 Seiten, komplett in Farbe,
ISBN 978-3-89794-150-2, 14.95 Euro.

## 66-SEEN-WANDERUNG

Der 66-Seen-Wanderweg führt im großen Bogen einmal um Berlin herum. Die 17 Etappen verlaufen durch alle brandenburgischen Nationalparks und Naturparks, am Weg befinden sich zahlreiche Kulturlandschaften und architektonische Kleinode.
Dieser Wanderführer beschreibt die Wegführung, stellt alle Sehenswürdigkeiten vor und macht Angebote zur individuellen Routeneinteilung. Umfangreiche reisepraktische Hinweise, genaue und detallierte Wanderkarten.
250 Seiten, komplett in Farbe,
ISBN 978-3-89794-154-0, 13.95 Euro.

*Ab Juni 2009 in Ihrer Buchhandlung*

## Kartenlegende

| | |
|---|---|
| Autofähre | Autobahn |
| Bahnhof | Autobahn im Bau |
| Bank | sonstige Straßen |
| Bar | 243 Straßennummern |
| Brunnen | Eisenbahn |
| Burg/Festung | Grenzübergang |
| Busbahnhof | Staatsgrenze |
| Campingplatz | Hauptstadt |
| Denkmal | Stadt/Ortschaft |
| Dorfkirche | |
| Fähre | |
| Flughafen | |
| Hafen | |
| Höhle | |
| Hotel | |
| Internetcafé | |
| Kirche | |
| Kloster | |
| Leuchtturm | |
| Moschee | |
| Museum | |
| Post | |
| Restaurant | |
| Ruine/Ausgrabungsstätte | |
| Synagoge | |
| Sehenswürdigkeit | |
| Theater | |
| Tor | |
| Touristeninformation | |
| Turm | |

## Kartenregister


Berlin und Berliner Umland/Norden Vordere Umschlagklappe
Berlin und Berliner Umland/Süden Hintere Umschlagklappe
Dahme und Müggelspree S. 59
Dahme-Seengebiet S. 123
Gamenesee und Grünheider Seengebiet S. 104
Havellandseen S. 141
Oberhavel und Innenstadtseen S. 22
Unterhavel und Grunewaldseen S. 40
Wandlitzer Seengebiet S. 80